何毅夫　　尚　明　　吳長新
樊友文　　錢瑀萱　　賴明玉
彭智明　　陳　鈴　　黃家驊　　合　著
趙祺翔　　羅懿芬　　徐培剛
江文德　　周國隆　　張祐康

心靈勵志 21

成功有理—軟實力
15位大師的　硬功夫

博客思出版社

✈ 為成功學著作群寫序

喜悅快樂是很美的，到底是什麼讓人不快樂的呢？就是缺乏學習沒進步。進步最快的方法，是跟成功者學習，很快就會明顯的感覺到快樂起來了。

這本由華盟周國隆、江文德、張祐康、黃家驊、尚明、賴明玉等十五位老師們聯合著作，各人就其不同專長與角度，針對成功主題所寫的新作，可以說是很實際有效的車陣前導，值得讀者學習效法。

當然，您可以選擇要參與學習改變，或不參與只持續維持原狀就好。我們相信，每一個人都想要追求成功吧！

所以，最好先明瞭「成功」的真正定義。「成」的本意是已完成，例如成人、成品、成果、成立，皆是已完成的。

字典注解：「成功是指 1. 把一件事努力做完成了，2. 在事業上功成名就。」

當一個人把一件正在做的事情努力做完成，「做這一件事情的態度，就是他做所有事情的態度」，將來成就是必然的；您可以用這方法輕易觀察，屢試不爽。

　　古訓：修身、齊家、治國、平天下；是由小圈圈、中圈圈到大圈圈，成功的人生必須然是：健康快樂，家庭和諧，工作順利，利益大眾。

　　中華華人講師聯盟，樂學分享，明師典範，發揮整體效益。將正確地知識，

　　以文字或演講的方式，用大愛點燃傳承中華文化的聖火。

　　但願有緣人都能透過閱讀或聽演講，有所領悟，日日精進，一起造福社會！

中華華人講師聯盟 第三屆理事長
群英企管顧問（股）董事長
吳政宏

⟐ 學習的標竿

　　常常聽身邊的年輕朋友問：要怎麼樣才能快速成長呢？
遇到這樣的問題時，我會和大家分享一個自己的小秘訣，就是
要學會「走捷徑」。聽到我這樣回答，大家反而更疑惑，明明
覺得我是個踏實的人，怎麼會教人家走捷徑呢？其實，所謂的
「捷徑」，是和大家分享，要懂得找學習的標竿，任何對象都
有值得學習的地方，當我們懂得學習，便會減少摸索和走冤枉
路的時間，不就能快速成長嗎？

　　而這本匯集15位中華華人講師聯盟講師成功法則的「軟
實力、硬功夫」，就像是15條時光隧道，帶領我們穿梭遊走於
不同的時空，走入每位講師的生命故事，於是我們能夠透過文
字，汲取講師們寶貴的人生智慧，歸納出五條成功大路，期待
路途中的美好的結晶，成為推動自己持續成長的力量。

　　我自己發明個人生公式是這麼寫：

　　經歷 ÷ 時間 = 人生智慧

期待藉由此書15位講師的分享，培養出自己的「軟實力、硬功夫」。

中華華人講師聯盟 第一、二屆理事長
典華幸福機構 學習長

✦ 培養軟實力，發揚硬功夫

華人講師聯盟第七屆了，在歷屆的會長與幹部經營下，產生巨大的能量，影響生命最重要的不是學校，而是知己朋友的交換知識，在華人講師聯盟有共同的修練！

是成長：學習新事物讓有意義的呈現出來，追求更高層次的共好。

是聯誼：每月吃飯聯誼的團聚，更能產生強大的凝聚力。

是交流：活動參與到心心相惜，進而超越服務付出階段。

是支援：從領導和被領導，心態上把自己放得越來越低，人生就沒有太多的障礙。

是公益：「善」是凝聚眾人齊心的最大公約數，華盟每年持續在做，把「善」普及每個角落是華盟的使命。

講師是一份挑戰，一定要練習自我勝任感，即便我不能改變這個世界，但或許我可以改變自己的世界。

　　這本《成功有理——15位大師的軟實力硬功夫》，在15位優秀的點播中，把人生的精彩經驗，典藏在這書中，值得讀者細絲品味！而作者版稅聯合做公益，更是美德與敬意。

　　中華華人講師聯盟描繪的願景是分享價值，並融入自己的人生追求，創造為善最樂、共修、共識、共好成就自身價值，正是人生自我實現的最高境界。

中華華人講師聯盟 創會會長
南山人壽保險公司處經理
張淡生

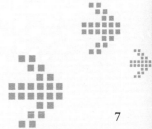

✈ 讓愛傳承發光發熱

華人講師聯盟繼2009年「陽台上的人」、2011年「夢想行者」發行後,第三本合輯創作由傑出的十五位講師將畢生絕學、扣人心弦的事蹟傳承下來的著作於2013年轟轟烈烈的推動出來!

我認為這本書的發行有幾個意義:

一、一時勸人於口,百世勸人以書

通常老師們現場講課,現場可以說是舌燦蓮花、意氣風發,但是如果聽眾沒有記筆記或錄音,聽完之後,若以人的大腦記憶而言,隔了一天所記得的內容大約只剩三分之一;隔了兩天,可能只會剩一兩個演講時所穿插的笑話而已,大部分的演講精華已隨風而去,大家誤會一場,實在可惜!

有一個好的記錄、完整的記載,將老師們的智慧與演講內容記錄下來,這會變成一個可以長期影響人生的文獻,也

是長期可以感動人心的經驗傳承。

二、把善行有紀律的定期延續下去

從「陽台上的人」這本書開始，我們的書都是講師們自行集資出版，出錢後也要出力，要做義講、出國做募捐，並將這些捐款與賣書的錢捐給弱勢族群，第一本與第二本的書都捐贈了二、三十萬；今年承續以往風格，每位老師將捐出一百本，總共一千五百本，金額共約三十萬也將用來濟助弱勢族群。這樣有紀律的善行延續下去會變成社會上一個很重要的能量，也形成了社會眾多社團的良好示範，講師聯盟的聚會談新知、談合作、談影響力，沒有吃吃喝喝，沒有打球玩牌，這在華人地區是少見的！

三、把好的影響力發光發熱

南美洲的印地安人說：「這地球是我們向子孫借來用，不是向祖先繼承來的。」但可惜大部分的人都在耗損子孫的資源，讓子孫走入一個可怕難測境界。但若身為講師的我們可以用自己的影響力去改善、去宣導。隨著時間的拉長，會讓環境生態隨之改變。

華盟老師們口說好話、心存善念、身做好事，如果這些善行延伸出去，巨大的力量會讓地球的穩定性更加強，讓所有民眾的幸福力有所提升，對往後子子孫孫都有很大的效益。

　　此書由十五位老師，吳理事長、雲龍秘書長、還有承辦的幾位老師們日夜努力，讓這本書可以如期推出。接著大型的新書發表；往後將有數十場各位講師的心得發表，這些都可以影響到往後台灣民眾的福祉。多位老師的努力社會全體會感念在心。

　　我們相信好的事情會繼續延續下去　這只是第三本書而已，以後還會有第四本、第五本的出版，在此祝賀大家。

　　也感謝眾多協辦出版及義賣的企業及社團們，有他們的愛心，世界更可愛。他們能布施分享做公益。他們的資產會更擴大。

　　新世紀、新境界。沒有地球末日，但要創造新世界。一切可能，皆在一念之仁，作好事，不在別人，捨我其誰！

中華華人講師聯盟 第三任會長
台大保險經紀人(股)公司董事長
陳亦純

➢ 生命奮鬥的活水

19歲那年夏天，我與另外19名青訪團夥伴到美、加地區做親善表演，途中拜訪田納西洲最大的玩具工廠，華僑老闆邀請我們到他的泳池豪宅作客，就在我們圍著鋼琴唱歌，賓主盡歡的同時，忽然見一少年進門，臉露不耐表情逕自上樓，原來是主人兒子，他們父子不說話已經好一陣子了。於是主人從最早的創業歷程談到家庭經營上的遺憾，我永遠記得那水晶燈光下主人真誠的臉龐，他定義自己並不是一個成功的人，提醒我們這群年輕人，不要去追求單一的成功而失去更多珍貴的事物，一定要建立自己的生命信念與價值觀。這個經驗為當時年少的我帶來小小的震撼，從此不停尋覓成功的定義與方法。

本書是中華華人講師聯盟系列叢書的第三本著作，本書中的15位老師，不但是中華華人講師聯盟中的翹楚，更是對眾人有利他心，對社會有關懷心的成功菁英。書中並非教條式的告訴你成功的理論，而是在故事中啟發您建立屬於您個人成功有關的四大支柱，並以此作為生命奮鬥的活水，四大

支柱：使命、願景、信念、價值觀：

◎ 使命：定義你的人生目的，你要如何幫助別人
◎ 願景：勾勒出未來想要達成的景象。
◎ 信念：強大的精神力量讓你抖擻精神、克服萬難
◎ 價值觀：一種深藏於內心的準繩，在面臨抉擇時做為
依據。

您是否有這樣的經驗？在人生的某個時刻，遇到了某些事，聽到了某句話，看了某本書的啟發，你的人生因此朝向更好的方向？特別邀請您來閱讀這本充滿正向能量的書，朝向更美好的未來，定義你自己的成功，讓您在事業、人際關係、健康、財富、個人成長上獲得全方位的平衡與富足。

中華華人講師聯盟 第三屆秘書長
身體智慧有限公司執行長
鄭雲龍

15位大師幫你練——
5條成功大路的軟實力硬功夫

一、打破不公平的命運

這是個不公平的世界，很多人都這麼抱怨著。

是的，這是個不公平的世界，貧富差距懸殊，有人坐擁東區豪宅，窮極奢華；有人三代擠一個小窩，靠著殘廢的父親打零工過日子；有的人一擲千金泡夜店，還搞出光碟風波；有的人勤奮半工半讀養家，卻被酒駕司機撞死，家人欲哭無淚。

是的，這很不公平。但，人世間本來就充滿著各種的不公平，只是，人生初時的不被公平對待，不代表往後的路，就不能成功。許多人在「不公平」的起頭上，硬是闖出一條路來，打造奇蹟。

公平嗎？

　　當年輕人們正值青春年華，每天想著如何和正妹約會，如何去哪大玩特玩時，本書作者趙祺翔先生才二十三歲，就被檢查出得到淋巴癌末期，他的人生才要開始，死神就已經準備召喚。

　　但他被命運的不公平打倒了嗎？不，他並沒有被打倒，與其對病魔屈服，他選擇戰鬥，最後終於戰勝癌症，走出病房，開創新的人生，接著不但出了兩本感動許多人的書，還到處演講，激勵許多原本茫茫不知未來垂頭喪氣的青年，重新審視自己的人生再站起來。

公平嗎？

　　勤儉，辛苦多年賺來的數億元，卻被信任的長輩及親人侵占，一生心血付諸東流。本書作者周國隆先生，白手起家，從學生時代就東奔西忙，和爸爸做油漆工，之後創業有成，年紀輕輕就為家裡賺了億萬財富，但後來卻遭逢被掠奪的嚴重打擊。

　　但他有被這世上的不公平打倒嗎？不，他沒有被打倒，並且持續在各行各業創造奇蹟，他同時在建築、法律、音樂、學術界等多樣領域，打造多樣成就，他甚至還是個專業的公益魔術師。

　　所以這世界也許不公平，但人的命運卻一定可以超越不公平。

二、打破不可能的迷思

這世上的確有很多奇蹟，但那些奇蹟只是特例，不會發生在我身上。因為我「天生」沒實力，「不可能」做到成功境界的。

你真的這樣想嗎？那也請不要將「不可能」的責任，推卸給上天，是你自己定義自己不可能，可沒有別人定義你不可能！事實上，這世上大部份的成功者，都是打破不可能，最後成就事業的。

凡事註定不可能嗎？

有一個人，從小就得了上臺恐慌症，不但不敢在大眾場合講話，連基本的人際關係面對面，都因為太害羞，而被評為太保守。但就是這樣的人，後來突破了自己的界限，最後不但上臺講話，並且還到處演講成為知名講師。

羅懿芬老師，直到中年以前，都是不敢上台，也不被看好將來能夠靠說話帶給人幫助。但她卻挑戰自己，突破壓力，最後得到奧瑞岡辯論冠軍、金口獎冠軍，之後不但擔任地區性的健言社社長，後來還成為中華民國健言社理事長。

凡事註定不可能嗎？

有一個人，從小就命途坎坷，不被看好。念高三時，模擬考試平均每科只得26分；上大學後，因開刀不順全身虛弱

需人照顧，還休學一年；情緒低落時，還會自己去撞牆。這樣的人怎麼看，都不像是個有前途的人。但他卻成了補教界的名師。

尚明先生，光上課一小時的鐘點費，就等於平常上班族一星期的薪水，他出版的三本書，還常盤據知名網路書店榜單。人們一定不相信，那個在學生時代成績糟身體也糟，看不到希望的人，現在卻成了學界的名燈。

所以這世界上沒什麼事是不可能的，所有的界限都是自己給自己設下的，上天實際上並沒有為人們設定成功的門檻。

三、軟實力硬功夫，你也可以

所以讀者們，在打開本書之前，我們要告訴你兩件重要的事：第一，就是人生沒有什麼不可能。第二，我們要追求成功的人生，但不必一定要犧牲某件事，才能成就我們的人生。不論健康、家庭、休閒、學習成長，沒有一件是必須犧牲的。

本書將呈現許多你認知裡以為不可能的，其實都是可以做到的。

● **你以為一位武術大師，氣功學會的創辦人，一定只是個武夫，肚裡沒有筆墨嗎？**

　　錯了！彭氏氣功創辦人彭智明先生，不但允武更是允文，他是資深的專業記者，英文頂尖，是極少數以臺灣人身份做到世界三大通訊社亞洲級記者的人。

● **你以為年過五十後，就很難創業嗎？特別是對女性來說，那更是不可能的任務嗎？**

　　錯了！統乾股份有限公司創辦人，賴明玉女士，年過五十勇敢創業，並榮獲桃園縣第二屆優質創業婦女風雲金獎。她還是國際獅子會 300G2 區講師團團長，以及資深的培訓菁英的講師。 其他的菁英還有：

　　☆ 曾經在亞力山大時期是最美麗的代言人老師，現在則是全臺灣將體適能教育推展做到最全面的大師——**陳　鈴小姐。**

　　☆ 奔走四十年，付出心血，終於成功讓中華民國政府，於2013年正式將「傳統醫學民間療法」列入國家衛生醫療體制合法管理；並且成為馬英九總統「兩岸醫療政策白皮書」撰稿人。他就是中華傳統民俗調理學會理事長暨湖南中醫藥大學客座教授的——**吳長新先生。**

　　☆ 雖然出身軍職，卻因自學，現為專業的企業輔導人。曾輔導過臺灣數百家企業，思維永遠走在時代尖端，中國生產力中心的資深顧問—— **何毅夫先生。**

☆ 英國倫敦商工會考試局臺灣區總經理，不但是生涯規劃大師、是理財大師，並且有著高深的信仰修為，可達到性靈體悟最高境界的——**張祐康先生**。

☆ 全心奉獻給音樂，音樂演奏時數已超過 100,000 小時，作育英才無數，人生也多采多姿，曾與鄧麗君同臺演出的資深音樂大師——**黃家驊老師**。

☆ 勤智企管顧問有限公司 資深職涯諮詢顧問，人生也是多姿多采，曾擔任過內政部移民留學顧問，是最早期通過取得資格的證照先趨。並且精通卡內基人際溝通、插花，以及許許多多人生不同領域學問的——**錢瑪萱老師**。

☆ 追求事業成功與家庭幸福平衡的美好成功人生，在臺灣少見的「家庭教練」，他用愛心以及企業領導力培訓之教練技術專業，提供兩岸三地不同的家庭追求家人關係、財富與健康。他是——**樊友文老師**。

這些人，每個人本身就是一本精彩的小說，都是全人生活的真正典範。而今這些來自不同領域，有的出身軍職，有的出身音樂界，有企業家，也有醫生、老師等等的專家，共同提出本身人生哲學的精要，集結成一本書和讀者分享。

能夠讀到這樣的書是一種幸福。
敬請翻開這本書，感受幸福，以及——成功的滋味。

四、追求全人的人生

本書集結了十五位在各行各業有一定成就，並且每位都是從原本困難不可能的條件中，走出自己的路，創造一番令人讚賞的實績，才得受邀在本書，和每位讀者分享寶貴的經驗。

並且本書有一個特別的設定，那就是這十五位成功的菁英，不能只是在財富領域成功，而在其它領域不足。本書所找到的十五位大師，都是在人生的五個大夢，有一定成就的典範。

五個大夢，分別是事業 (及生涯)、人際 (及家庭)、健康 (及休閒)、財富 (及淑世)、學習 (及成長)。

這十五位大師皆能達到以下五大境界：
●事業到志業有成菁英人生
●人際關係正面循環從愛家開始
●音樂、藝術、氣功身心健康
●樂觀積極不斷學習成長
●身心安頓，財富、人生都自由

簡單講，本書要鼓勵的成功，不是只有賺大錢才叫成功，也不是成為名人才叫成功。本書講的成功境界是「全人」的成功，是「均衡」的成功。

也許有人以為，賺大錢有大事業的人一定沒空關懷家人。

　　但本書告訴你，錯了！可以賺大錢的人，一定也有能力好好照顧家人。

　　例如江文德先生，他是全國最大的保險經紀集團副總裁，身價上億，但他也是懂得樂活人生，帶給家人幸福的典範。他出過一本書《勇敢做大夢》，書中他和兒子環島十二天的故事，讓許多讀者感動落淚。

　　也許有人以為，學習與賺錢不能兼顧，忙到忙翻了，哪有空學習。

　　但本書告訴你，每個成功人士，都把學習當做他們人生重要的一部分，再忙也要把學習排入每天的行程裡。

　　例如快樂、希望、愛的分享家徐培剛先生，他的人生資歷會讓人誤以為他一天有四十八小時。他不但是巡迴各大企業的講師，還同時是環遊世界的旅遊達人；他是知名的活動主持人，還會創作音樂寫歌譜曲也當過歌手；他是慈濟義工，也是取得資格的專業教練。他生命精采豐富，但他還是個未滿四十的年輕人。

　　真正成功的人生是不管身體或心靈都能得到自由，這自由包括了財富的自由、心靈意志的自由、人際關係的自由、健康的自由，隨心所欲都能得到身心安頓的滿足與自由，這樣全方位的自由人生，在人生過程中得到圓滿幸福，那社會也會少了很多問題。本書15位菁英大師，以自己的專業及經驗，提供追求全方位自由的幸福人生資糧。本書值得細細品味研讀。

成功有理——
15位大師的軟實力硬功夫

contents

第 1 篇

從事業到志業
如何打造菁英人生

築夢大師第一號 **何毅夫**

如何在各階段發揮自己的價值——

從事業到志業，
以心推動企業的服務

給追求成功者的建言——

正面思考、盡其在我

美國加州APU大學應用電腦碩士，曾任職於中山科學研究
院，擔任系統研發、生產及建廠等工作。現為中國生產力中
心正工程師，高級講師及企業輔導顧問。並曾於民國87至88
年間，於生產力中心服務時，兼任「行政院Y2K稽核服務
團」執行長，帶領團隊歷經2年，規劃並完成政府(包括省政
府)各相關單位及民間重大企業在公元2000年電腦系統問題之
全面改善的稽核任務。

在顧問養成方面，毅夫先後接受 - 英國EARA登錄之ISO

14001- ADVANCE主任稽核員、英國IQA登錄之 ISO 9000
主任評審員訓練；美國 QuEST Forum登錄之 TL 9000 稽核
員、美國IRCA 登錄之 ISO 9000:2000 稽核員訓練；並具備
- 美國AIAG登錄之 Plexus QS-9000 Training 講師、Plexus
Year 2000 評審員的講師資格，曾對國內上百家的企業，進
行診斷、稽核與輔導工作。

另外毅夫除通過 - 經濟部工業局「14001環境管理輔導單位
輔導人員研習訓練」、經濟部中小企業處「企業合作推動
輔導人員研習訓練」，「TL 9000 輔導顧問師培訓」等專業
訓練外，並完成了生產力中心在企業間非常著名的「全面品
質保證顧問師班」及「流通管理顧問師班」的顧問師養成教
育，對企業輔導主題，也從「品質管理與認證」到 -「企業策
略、緊急應變、卓越經營評量、產業群聚、RFID建置、國家
磐石獎、獲利模式」等。

毅夫目前也是「中華價值管理學會(VMIT)」的理事兼「產業
委員會」主任委員，負責對企業運用價值工程方法論的推廣
工作。希望結合生產力中心的企業輔導與訓練，對國內企業
的創新研發，在品質與價值方面，能有所提升。今年度很榮
幸受邀在「中華華人講師聯盟(ICSA)」這個公益團體，擔任
法制長，對毅夫更是個挑戰，希望配合「法制委員會」團隊
的努力，在章程的建置方面，對聯盟未來的運作，能盡一份
力量。

你雖然不能知道為什麼你會來到人間
但是你肯定可以找到你的價值

你雖然不能讓每個人滿意
但是你肯定可以盡力讓自己問心無愧

你雖然不能知道未來世界的變化
但是你肯定可以以你的力量影響你的周遭

以學習找到價值
以價值發揮能量
做一個對自己負責的人

▌課堂一：不斷地學習與爭取 找到有價值的生涯

　　我，曾經在高中畢業的當年，用短短30分鐘的時間，就決定了我在人生上半場打甚麼球賽，當然那決不是甚麼「生涯規劃」，總之，它就自然發生了，所以我自然而然地在那個球場中打了人生上半場的球。經過多年體會，瞭解沒有人在人生一開始就會、就能夠知道自己、規劃自己，如果要有成就，應該是取決於「自己何時開始知道自己要的是甚麼」？而到達這段過渡的中間時間愈短、年紀愈輕，則未來

可以發揮的人生時段就愈長，那麼相對達到自己目標的機會也就可能愈大。

我糊里糊塗的進入人生上半場的球賽，按表操課，從學校到進入工作崗位，沒有多采多姿的社交活動，也沒有甚麼抱怨，按照規定推動工作。那時社會上一般人多少存在著一種「從事國防科技的人嘛，做事總是一板一眼、一個命令一個動作，腦筋古板，未來一定和現代社會、商業化的發展，格格不入，甚至脫節」的想法。當然，環境會影響與造就一個人的行為模式，有這種想法也沒甚麼不對。

直到工作中發生了一件事情，徹底改變了我的思維與心態。

有一天，一個同事特別從他的部門過來告訴我，因為研發工作需要，單位必需採購一套大型精密的電腦量測設備，上級決定要派一員出國學習，名單已決定。我當時直覺認為很好啊，學習是對的。但是這位同事接著說：「設備未來的發展與應用，和你所屬單位有直接關聯，你應該爭取到母廠見習的機會，和設計工程師討論設備當初的發展與構想，才能在未來工作規劃上更進一步的應用。雖然這次上級派員去學習操作是對的，但是目前名額只有一個，以見習的『價值』來說，應該是你去最適合。」這是我第一次聽到「價值」兩個字。

同事接著說：「你應該要去爭取。」我嚇了一跳！雖然非常感謝這位同事，熱心的告訴我這件事，但是我當時心裡想的卻是：「這種要改變他人權益的事，不只說不出口，連

想都不該想。」同事進一步說：「站在個人可以不爭取，但是站在工作推動上要爭取。」我說長官已經決定了啊！同事說：「長官也許當時沒有考量那麼樣全面，所以，試試看，講清楚，也許會改變。」但是我還是不願意去，因為按照以往經驗，這是不可能的，而且很尷尬。

同事好人做到底，拉著我說：「我陪你去見長官。」拉扯間已到了長官辦公室外面，但是我還是覺得不妥，又不好拒絕朋友的好意，同事一下就把我推到門口，長官看到我，很客氣要我進去，並問有甚麼事？雖然那時我已站在長官桌前，還是說不出口，不能說沒事，也不能說是被同事推過來的，只能支吾含糊的說些：「聽說單位要買新設備……設備對我們研究工作很重要，為了發揮功能的應用，設備是要放在本單位……。」長官帶著問號的眼神看著我，說：「是阿！」我只有硬著頭皮說：「聽說要派人出國見習……。」長官想了一下，恍然大悟說：「你要表達的是，針對未來應用，應該由你的單位派員出國見習，是嗎？」雖然我無法說明應該是這樣，但是長官立即做了一個出乎我意料、卻又明快的決定：「嗯，我當時確實是沒有注意到這一點。好！我馬上打電話交代改派你去。」我紅著臉說：「聽說已經派了。」長官毫不猶豫說：「可以另外再安排。」我沒有別的話可以表達，只能謝謝長官的安排。出了長官的門，那位同事還等在門外，他的笑容，直到現在我還都記得。

這個事件，對我本人來說非常的震撼：

1. 個人學到了「價值」與「爭取」，以後凡事先考量要做的事，是不是有價值？只要認為是有價值的事，就應該當

仁不讓，努力爭取。

2. 從同事那我學到的是：「以大局看事情，事情要做的好，必需用對人，不但要有想法，還要以行動去推展」。

3. 從長官那我學到的是：「要能放下身段，聽取建言。」因為有權者的一點改變，就會對整個事情產生長久深遠的影響。

我很感謝這位勇於建言的同事及對事不對人的長官，他們的表現，對我的身教與言教，讓我這個當時只是個 30 出頭的年輕人，學到了不可多得、終身受用的經驗，從此打開了勇於任事的門。我深深的覺得，跟對的人學習，可以找到自己「有價值的人生生涯」，也可以帶給別人「有價值的人生改變」。

在往後的工作中，我不斷實際的應用這個觀念，所以往往開始時被大家認為是非常困難的事務，最終也都能夠完成，而且成果往往超過預期。這讓我更加領悟到——任何事不要先定位「行還是不行」，要先想到「是不是有做的價值」。只要心中有了定見，該要做的就要勇敢的去做。事無大小，都有可能創造「非凡的價值」，只是看你如何去思維、如何去推動。

這世上沒有什麼是「一定不能怎樣」或「一定是怎樣」的框框，這世上唯一的框框，就是你自己給自己設的框框。所以說，人，不該先被「自以為是」的想像思維所綁縛，應隨時問自己：「這樣做是否有價值」？

您瞭解您本身的價值與所要做的事的價值嗎？

▌課堂二：自我學習，不怕轉換跑道

　　人生似乎是一個練習場，當有了價值的觀念，就會具備著「隨時接受挑戰」的心態；當有了正面思維，工作就會不斷在挑戰下完成，但是接續而來的工作，份量當然也會愈來愈重。主管雖然知道我有挑戰新事務的特質，但是在交辦較為重要的工作任務時，有時也會問：「可以接受嗎？如果有困難，不要勉強。」只要想過這個工作是有價值的，在未做前，我不會說「可以」還是「不可以」，只是說：「我願意接受挑戰！」另外再加上一句：「如果沒有做，我怎麼知道有沒有能力做！」所以在長官的信任下，一項項與研發、生產方面的重要工作，如：研發自動控制的生產設備、規劃建置量產生產線的廠房等任務，都一一如期完成。

　　接受挑戰，似乎已經是我人生任事過程中的一部份。許多來參訪的貴賓與長官看到陳列出新設備與正在運作的生產線，有時會問道：「你們做這些事情以前有學過嗎」？「沒有學為什麼會？」那時，這麼個問句，就是給我最好的鼓勵。

　　當然，「挑戰新任務」必需配合「自我學習」，所以只要有時間、有機會，我都會爭取去受訓與進修；「完成新任務」必定要團隊合作，我不但自己爭取學習，也幫部門的同仁爭取學習的機會，當「學習」蔚為風氣後，同仁也不會有推卸工作的想法，團隊合作的氛圍也愈來愈佳，這是正面的循環。

　　80年代，品質當道，而單位研發的成果必須進入量產，從此工作重心從研發、生產，進入另一個階段——品保。我以往沒有品管的知識與經驗，所以此時必需加緊努力學習品質相關的專業知識，以應用於工作上。所以除報名「田口工程」、「可靠度品質」、「實驗計劃」、「統計方法」等課程外，並且買了將近10幾本品質書籍，自修、報考品質學會舉辦的「品質工程師」及「可靠度工程師」。此時，世界著名的ISO-9000品質系統風潮也傳到臺灣，我被付予全單位的ISO-9001品質系統的導入建置與通過驗證任務，工作的範疇逐漸擴展，學習的領域也隨之擴大。

　　雖然積極努力自修，仍然深感不足。此時，有同事告知生產力中心正要開辦超過350個小時的「Total Quality Assurance－ＴＱＡ」顧問師班的系列課程，期程將近8個月，是個完整的品質課程。這讓我喜出望外，終於有機會能夠學習到運用在工作上的完整知識。當時所考量的是：第一、價格高，雖然課程有工業局補助，剩下的自繳費用，仍然超過當時我一個半月的薪水；第二、時間長，因為除了週日外，有時週六(甚至週五)也需要上課，因為當時單位週六還需要上班，所以報名前需要先打報告請假，通過才能去參加報名。這個完整的品質專業領域課程，整個學程的書籍、講義資料，放在地面疊起來，幾乎半個人高。雖然一年的休假都花在上課學習中，但是這個學習對當時我的工作有很大的幫助。有的同事問：「為什麼做公事你要自費學習，還要用自己的休假時間去上課？」我回答說：「課程費用高，臨時申請，單位不可能有預算。可是時間是不等人的，只要我

認定這是有『價值』的學習，有機會我是不會放棄的。」

在品質的工作任務告一段落之際，也到了我要轉換人生另一個跑道的時候。轉換不是問題，問題在於要去那裡？如果是以往，企業一定是唯一的選項，只是選那一家而已。但是此時，提供我學習的「生產力中心」，也被我列入考量，只是這個是「顧問業」，是以前從來沒有想過的行業。

此時我已從「有價值的觀念」進入「有價值的學習」，而「隨時不斷學習」與「不怕接受挑戰」的心態，已成為個人的特質，所以心理已經有隨時接受，甚至願意接受不一樣挑戰的準備。當時適逢生產力中心因針對國內企業需要進行全面品質改善，需要招考品質顧問師之際，我因上顧問師班的課程而對生產力中心有了初步認識，就大膽的報名參與考試，幸運的被錄取，因此走進了人生另一個充滿挑戰的跑道。

不論您現在身在哪一行，學如逆水行舟，不進則退。

學習就有機會，您具備了隨時學習的心態與準備嗎？

▍課堂三：自我學習，不怕轉換跑道

轉行擔任企業輔導顧問，以前工作的經驗、專業與職位，都要暫時放下，不但心態要歸零，專業要歸零、就連身段也要調整，放到最低，一切歸零，從頭學起。因為不自我

調整，沒有辦法融入新跑道，更何況要去輔導企業。企業的性質相差很大：有化工、電子、機械、資訊……，有傳統產業，高科技產業，也有服務業、資訊業……；就算是同一類產業，因人數不同、主力產品不同、公司的想法與文化特色不同，差異也會很大。所以輔導不同企業，不能延用同一套模式，必需針對每家公司的特質做單獨的規劃，量身訂作最適合的改善專案。所以對每個專案，我幾乎都需要綜整不同的資料做計畫；每個專案，我都是在學習，這真是個很有壓力，必須不斷自我突破的工作。

顧問這一行，工作中最重要的事，就是學習。天天學習，不斷地學習，就算工作數十年，只要是沒退休，每天還是要學習及整理資料。所以進入生產力中心，就必需具備有「學習性」與「抗壓性」的基本特質，而當時主管第一句告訴我的話：「有壓力才有成長」，讓我至今一直奉為圭臬。

工作內容不斷的因時間、環境與企業的需要而轉變，我也從開始對企業的品質輔導、經營輔導，轉為e化輔導、RFID輔導，進而群聚輔導、國家磐石獎輔導；輔導的目標，也從個別企業進而到大型專案的整合開發，從協助政府推動Y2K稽核到推動產業政策，進而協助產業進行社群整合與新產品開發。不論我服務的對象是集團企業、大型企業，或者是中小企業，甚至微型企業，只要去執行輔導服務，雖然目標不同、作法不同，我的態度都一樣，就是抱持不斷的「自我學習」，進而找到這個企業或產業的價值，進行輔導。

課堂四：事業中的志業，生涯中的MATCH

我們不論是從事哪一行、哪一業，都不脫以下三種範疇：

「替自己做」、「替他人做」以及「替眾生做」。有人把這三種說成──創業、就業及志業。

我們除非不工作，只要工作，一定屬於上列三種中的其中一種，或是同時間身兼兩種、甚至三種。

任何人願意投入一個行業，不論是自己創業、或是領薪水幫老闆做事的就業、甚至擔任志工的服務，都是好的，都是可以成就自己的人生。所以事業沒有好、壞、高尚、低賤，全在於自己於人生所追求的方向與目標過程中，他人對你的感受與認知而已。

記得10幾年前輔導一家在新竹地區佔地很廣的木製傢俱企業，老闆是當地仕紳，繼承父業，當上負責人。當時很多傳統製造業都已搬到對岸大陸，而老闆堅持將企業留在臺灣，所以需要輔導員工、建立制度以改善產品品質，而我很榮幸的有機會擔任這家公司的品質輔導顧問。有一天我因輔導到公司，老闆拉著我說，有一家大賣場來拜訪他，提出承租廠地 (因為該廠超過6000坪，離市區又不遠) 的要求，條件很優厚，比他維持目前工廠的營運還要賺錢。我問他如何決定？老闆笑著說他回絕了，因為廠址承租給大賣場，在他

企業內服務的員工都會失業，部份員工在廠內服務已超過30年，所以當下，他決定維持企業運作，以保障員工生計。

　　這位老闆的思維與作法給我很大的震撼與感動。所以，日後我面對每一家企業進行輔導時，都先「心態歸零」，不被舊有的思維綁住，儘量設身處地替這家企業著想，它到底需要什麼？我該怎麼幫助他？我儘量鼓勵企業追求各種獎項，因為企業在追求獎項時，必需在眾多的競爭者中脫穎而出；不斷以追求更高獎項做目標，企業就會不斷的改革，以獲得更高的榮譽。過程中，企業的本體就在做自我學習、自我改善、自我成長，這個企業具備了優良的體質後，就會永續經營、善盡社會責任。所以我把輔導企業，當做推動志業的想法來做，而不僅僅只是工作。

　　而這幾年來，我也儘可能利用工餘時間，以我的專業加入公益團體儘一份力，個人力量與時間有限，團隊做公益，最能發揮群體的「價值」。

　　我覺得只要有心結合專長與工作，找到需求和供給的MATCH，就能配合做一些服務社會的志業。事業過程如要兼顧推動志業，只需個人具備有彈性的思維，心態的轉變運用而已。

你對志業的看法是甚麼？你的專長、事業可以配合做甚麼有益社會的志業？

只要有心服務社會人群，不一定等到退休。

▌ 課堂五：心境決定人生

人的一生，或許開始時是由命運所決定，但最大的影響因素，肯定還是後天自己的心境與思維。我在大學讀書的時候，父親告訴我四個字：「盡其在我」，也就是說，不論做那一行，在甚麼環境，都要盡量做好自己。我到現在還一直把這四個字當做我「做事的基本原則」及「做任何思考的準則」。

不論創業或就業，只要不違法，事業沒有好壞，但肯定有境界。是做一行怨一行，成天認為自己「懷才不遇」呢？還是安守本份，不多做也不摸魚，就是「做一天和尚撞一天鐘」呢？或者，你是為你的工作許下神聖使命，願意全力投入的人呢？

有個簡短的故事說明這個狀況如下：

一個建設公司的老闆，有天去巡視一個工地，他看到三個工人正在砌牆，便上前去一一和他們聊，問他們正在做什麼。

第一個人回答說：「我當然就是在堆磚頭啊！」

對他來說，他只是在做他的「工作」。

第二個人回答說：「我正在蓋一棟房子，現在正處理牆的部份」。

對他來說，他正在完成他的「任務」。

第三個人回答說：「我正在為人們打造幸福的居所，為

這個城市開拓新疆土」。

對他來說，他正投入他的「事業」

這三個人，此時此刻可能領的工資差不多，但因為心境上的不同，可以想見，將來他們的人生路一定會是不同的。第一個人可能會常常換工作，收入不穩定，生活品質很糟。第二個人可能平凡無趣的度日，生活可能還過得去，但到老年時回想這一生，總覺得是種遺憾。第三個人現在不見得事業發達，但是具有的心態，卻註定將來在他的人生事業上，會不斷開創新的境界、創造新的可能。

你現在是怎樣的人？具備甚麼心境？你想過你需要的人生境界嗎？

▌課堂六：找到自己的人生目標

我們在山裡旅行，會尋找路標指引，它告訴我們要走哪條路。因為沒有指引，當方向弄錯了，在荒山野地裡，可能一錯可就能差個好幾公里，要折返可得費煞工夫。

在人生的路上，每個人或多或少都在尋找自己的「人生路標」。有的人很快就找到，有些人可能一生也沒有，因為他沒有去找。但我也必須說，所謂人生的指引，沒有標準答案；別人的成功，也通常不能直接套用在你身上，因為每個

人都是獨一無二的個體。對於「人生方向」這樣的大事，也只能反求諸己，用自己的「心」去瞭解，自己要的是什麼。

我以往的學習，只是在工作上盡力做好自己應做的本份，一直沒有去思考人生方向。五年前在一位好朋友的安排下，聆聽了一場演講後，卻開啟了我人生另一方面的學習。

這位好朋友也像前面所說的那位同事一樣，做事態度非常積極，主動在兩年間幫我安排了兩次與他一起跨海到大陸向大師學習，打開了我塵封已久的「心靈之門」，讓我更清楚，此生到底在追求甚麼？瞭解到「人生目標」的重要，並學習「如何訂定人生目標」及「如何追求人生目標」。上課過程中，我找到並訂出了自己的「人生目標」，我非常感謝這位好朋友，他是我的人生貴人，沒有這位好朋友，我雖然在工作中打滾數十年，仍然不會有「明確的」人生目標。這次的學習和以往訂定的「工作目標」與「學習目標」不同，讓我感受到極大的激動與感動，因為它讓我的「工作、交友、學習與志業」融合起來。所以我深切的體會到「愈早訂定出人生目標，生活才會更精彩，努力才會更具成果」。

在山裡旅行要找指引，人生也一樣，心中要清楚自己想要往哪裡走。若只是得過且過，過一天算一天，那就如同在山裡遊蕩般，雖然不一定有立即危險，但你的人生卻是空虛的。

你已經找到你的人生目標了嗎？你已經往你的人生目標前進了嗎？

▍課堂七：落實價值人生的四項建議

　　每個人都喜歡自己有所成長，但處在現在某個人生階段的你，該如何邁向你自己想要的未來呢？

　　我講未來，不說成功，是因為「未來」可由自己去思考、去揮灑。而「成功」的定義很難，不說每個人看法不同，就是自己，每個時期的成功定義也不一樣。所以「未來」可能包括著不同階段的「成功」。

　　不論你「未來」的目標如何，就我個人的人生經驗，提出達到未來目標的四個基本重點：

1. 儘快找出人生方向
2. 確實定出人生目標
3. 努力找到貴人夥伴
4. 落實規劃可行作法

　　人生方向不必很偉大，也不要在乎人云亦云，多元化的社會，行行出狀元，每個行業都會成功，最重要是要找到你自己喜歡的人生方向與人生價值。人生的方向與價值一旦確定了，訂好目標，就大步朝你的人生目標前進吧！忠於你自己的選擇，你的人生才會快樂，有了快樂的人生，工作才有意義，學習才會勤奮，一切好的機緣才會隨之而來，一切的改變也會慢慢形成，恭喜你，有價值的人生亦離你不遠了。

世界哲學大師 Jim Rohn 有一句名言：「你現在擁有甚麼不重要，重要的是你將來會成為甚麼樣的人。」

想想看，如何在人生各階段發揮出你的價值；

祝福你，有一個快樂美滿的價值人生。

築夢大師第二號　尚　明

贏家教練的快樂成功學

尚明老師，是位塑造個人品牌的專家級達人，幫助人邁向成功的國際級成功學名師，更是行銷的實戰高手。

他擅長應用成功學在各個領域，讓他在五個領域中都用了極短的時間獲得極大的成效，媒體更封他為「年輕闖王」。

贏家教練 http://www.winner-coach.com/
頂尖行銷 http://marketing.upgrade.tw/

┃ 座右銘

沒有永遠的成功，只有持續邁向成功！

┃ 專長領域

跨媒體行銷、網路行銷、行銷顧問、職涯教練、成功學、個人品牌。

┃ 現任

台灣網際網路行銷研究協會／理事長
台北市電子商務協會／常務理事
亞太媒體人聯盟／企業顧問
中華華人講師聯盟／理事 暨 公關傳播委員會主委
驚爆點跨媒體(股)公司／培訓總監
3P行動成功學院／創辦人
文化大學推廣部／講師
中華基督希望全人關懷協會／顧問
台北市公益專案管理協會／公益天使代言人

著作

《我靠家教，年薪百萬》
《豪門家教基測不藏私》
《線性代數考研聖經》
《YouTube幫你產業突圍》
《成功有理──15位大師的軟實力硬功夫》

證照／認證

副價值專家證書(AVS)
NLP專業執行師
國際公益專案管理師(NPOPMP)
中華華人講師聯盟 認證講師
中華兩岸講師智庫 認證講師

曾就讀台大博士班的他，不是一般只會死讀書、拿文憑的高材生。

如果要說他有什麼專長，他只有四項專長：

1. 學習力超強，舉一反三，通透所學
2. 實戰力無敵，應用所學，貫徹實踐
3. 教學力清晰，化繁為簡，思路通暢
4. 策略力非凡，未戰先勝，領先群雄

也只運用這幾項專長，讓他在家教、補教、作家、講師以及企業顧問等五項領域大放異彩，創下許多精彩紀錄！

▌課堂一：戰勝自己，挑戰不可能

　　沒有人希望失敗，但因著現實的壓力、挑戰，或是周遭親友的否定、唱衰，往往逼著多數人選擇和困境妥協，放棄自己的夢想。

　　因著出書與媒體的採訪，很多人知道我是「豪門家教」，專教豪門子弟，鐘點比律師諮詢費還高！但是，你可知道，要成為豪門家教，須要躍過多少的關卡？

　　我分享一個我印象很深的一個小故事。我通常有個習慣，當我手上家教滿檔時，若因學生畢業，有新的時段空出，我就會嘗試在下一個新的案件調漲我的鐘點。在我剛上博士班時，我當時的家教鐘點是一小時1500元，剛好有個學生快畢業，於是我心中起了個念頭「來挑戰2000元的鐘點吧！」

　　在這樣想的時候，我也和周圍的家人、好友分享。首先面臨的就是我母親勸誡我：「不要這樣想，有誰付的起一小時2000元？」我一位學長也說：「不可能啦！你現在一小時1500元，已經是天價了。你是我知道唯一可以收到1500的家教老師耶！」偏偏我有一身反骨、一顆自信心，別人越說難，我越想挑戰。

　　當下我就在一些網站平台將我要找家教學生的廣告發佈出去，其中我將自己的履歷、教學成果寫得洋洋灑灑。過不多久，一周之內，就接到了一個豪門家庭的家教案件，而且，這一家有三個孩子，全都給我教。

　　當別人在說我不可能的時候，儘管當時在現實的考量確實有難度，也沒聽過有誰辦到。但我有兩個思考點：

A. 沒聽過，不代表不存在

B. 別人不行，不代表我也做不到

就這樣，挑戰了旁人眼中註定失敗的一個目標。

在考博士班之前，也是遇到類似的事。由於我父親在我碩士班畢業的前半年過世，家中的經濟頓時遭遇難題。當正是衝刺準備畢業的「碩士論文」的時候，但因為身為長子，又一副傲骨，決心要承擔家中經濟。我向指導教授說明原委之後，我立刻又狂接家教，處理家中債務、給母親家用、弟弟的學費和生活費。這樣的時間規劃之下，自然沒有時間花心思在「碩士論文」上。到了同年四月中，大部分的案件陸續結束，終於能喘一口氣，開始回到學業上。

到了五月中，學校的博士班開始報名，由於之前的規劃，我是要考博士班的。我想，還是去報名吧！當時指導教授還怕我分心，希望我只是去「考看看」，別花心思在準備的上面。不然，連碩士都畢不了業，談何博士班啊？我也知道自己的處境，也只能這樣做。我母親是相當迷信的人，偏偏選在這個節骨眼上，去找一位高人(算命師)，算算我的運途。這位高人說：「你兒子太自傲，上天要懲罰他，這次，決考不上！」

我向來不妥協命運，更不把命運交在他人手裡。聽完母親描述後，我當下回應：「原本客觀條件下，我能考上的機會本來就不高。但為了向您證明『命理』只是迷信，我可以創造自己的未來。我考給您看！」

後來，在離博士班入學考只有一周的時候，利用三個晚

上準備。最後，不但考上，還是榜首！

　　近幾年，在講師界發展也是一樣。剛決定跨足當講師時，眾人一致認為：「當講師不好混，有一頓沒一頓的。為何不好好固守你的補教事業呢？」

　　我認為「未必如此！」於是以我的方法在講師這條路上闖蕩、學習、成長。在決定當講師不到一年內，有一次，我為了擴展人脈，去一個家長的社團活動中，結識一些人脈。沒想到，和會長交換名片後，朋友一旁敲邊鼓說：「會長，要不要讓尚明老師待會上臺講講話。」會長略做考慮之後，說「好，不然你幫我們講五分鐘的話。」我非常把握每個可以發揮的機會，立刻豪爽的答應！

　　然而，連他們開會的主題我都不清楚，也未事前預備。我該說什麼呢？而且，我不是在開場，也非結尾，而是在不知什麼時間會被叫進去！

　　我沒有慌了腳步，我立刻發揮平常累積的功夫，設想了一個主題，兩個故事。如果時間突然延長，我如何發揮⋯⋯

　　後來，原本預設五分鐘的短講，因為喝采聲不斷，臨時又幫我再延長五分鐘。還好，這些都是我估計的範圍內！結束後，立刻有一個媽媽很熱情、很興奮的跑來跟我說：「尚明老師，我的女兒今年才剛要大學畢業，還沒有交男朋友⋯⋯」竟然，她因為我十分鐘的短講，想要把女兒嫁給我！

　　這樣，你應該可以知道我講師之路順不順了！

　　你，絕對可以決定要擁有怎樣的人生，達成怎樣的目標，端看你是否有勇氣去挑戰它而已！

課堂二：定義自己的成功

　　人人都渴望成功，但因著所處的位置、不同的視野，多數人選擇和命運妥協，甘於平淡甚至悲慘；而有些人選擇積極進取，選擇自己想要的人生；當然，也有衝過了頭，眼中只有事業，卻忘了家人、健康，甚至背棄道德的人！

　　在大學時期，約莫大三的時候，我接觸到了關於「成功學」的知識領域，從而沉迷於「成功學」的學習、研究與成功的追求裡面。然而，隨著在社會上的闖蕩、歷練，並持續的在研究成功學相關的知識，獲得一些社會肯定的成就。

　　我突然領悟到一個淺顯的道理——成功，沒有一定的標準！

　　我也有一段時間迷失在「成功等於擁有成功事業、大量的財富」裡面，我也看到不少的朋友像我以前這樣。直到我體悟到，每個人出身背景不同，所處的環境不一樣，所擁有的資源不同，如何用一樣的成功標準去要求每個人呢？

　　有的家庭粗茶淡飯，甚至衣不蔽體，但是家人情感緊密、彼此扶持、同甘共苦，感到很幸福；然而也有人坐擁豪宅、家產億萬、大魚大肉，卻是每天工作16小時以上，沒有休假，隨時緊繃、處在算計與被算計的環境，妻子離異，孩子散居國外，和他最親密，24小時相處的，就只有痛風和高血壓。一點也不感覺快樂！

　　如果只能二擇一，你覺得哪一種人生是你願意選擇的呢？

　　當然，這樣的兩個案例，各走極端。一般的狀況，通常是介於兩者之間。

　　我們知道，人的行為，只基於兩種原因：追求快樂和逃離痛苦。

　　人們追求的目標雖然各不相同，但原始的初衷都是為了創造自己的「幸福感」。根據心理學、行為經濟學的許多研究，「錢」和快樂是不相關的！國外一位學者曾做過一個大型的訪談研究，透過銀行，訪問數百位樂透頭彩的得主，也隨機調查一般人，研究他們的快樂指數。研究發現，突然中大獎的人，在起初的3個月內，其快樂指數確實有提升，然而心情平復後，其快樂指數是和一般人不相上下的。

　　所以，不要只是以「錢」當做衡量成功的唯一標準。家庭、健康、社會責任、愛與扶持，這些都是很重要的。不要盲目的跟著社會價值觀走！

　　或許你打拼的原動力是「爭一口氣」，但你要想想爭這一口氣的目的是什麼？是為了證明自己的能力，還是要給家人好的生活？如果是證明自己的能力，那麼，證明了又代表什麼？

　　還是你為了「符合」社會的標準？那這標準從何而來？從眾雖然安全，但卻不一定正確。

　　你看看現在大學畢業生報考碩士班的瘋狂程度，就知道有太多人是因為「同學都去考碩士班，所以我也去考」；或是「景氣那麼差，大家都說畢業即失業，我還是繼續念好了！」

我希望，你可以聆聽自己內心的聲音，聽看看他要什麼？真的是你現在做的嗎？

如果是，恭喜你！如果不是，請定義自己的成功，重新設立目標！Follow your heart！

▍課堂三：正視問題，克服它

從小，我的體育就是全班最差的。高中，體育課，在全班男生一起跑操場時，常常其他男生都跑完了，就剩我還差個幾圈，跑得一跛一跛、氣喘吁吁，上氣不接下氣。旁人看我「好可憐」，甚至全班女同學在旁喊「加油！加油！」好不丟臉！很想有個地洞，立刻鑽下去！

大四的時候，有一天心血來潮，「來做個伏地挺身，看看我的體力如何？」就在住處，扶著床沿，身體傾斜的開始做伏地挺身。不做還好，一做，嚇死我了！你知道那天，我做了幾下「伏地挺身」嗎？一下！你沒看錯，我當時只能做一下！天哪！頓時感覺晴天霹靂，我心想：這還能算個男人嗎？將來如何保護心愛的人？捍衛自己的家？

想了一兩天之後，我想，光是擔心無法解決問題，不去解決，問題不會消失。於是決定，每天下課，在房中利用讀書的空檔，每一段時間就起來動一動，做幾下伏地挺身。剛開始，每次都只能做一下，過了兩三天，一次可以做兩下了。嗯，不錯！

就這樣，一周後，差不多一次可以連續做個5下伏地挺

身，然後進展就越來越快，差不多一個月不到，每次可以做20下左右。及至後來，我最高紀錄，一次可以做七、八十下的伏地挺身！

我為什麼分享這件糗事？我是要告訴你，每個人都有他的問題存在，端看你有沒有發現？願不願意承認並且去面對它！

問題可大可小，在初次知道時，大可以發揮「自我催眠」的力量，告訴自己：「沒事的，不過是假象而已！」然後當作沒這回事，繼續你平常的工作、生活。

許多的問題都來自於許多小問題的堆積。如果在問題尚小之前，你沒有去處理，終有一天可能演變為大災難。

如果你願意發覺自己的問題，不要過度「自我感覺良好」，勇敢的面對它，終究會有辦法克服的！有時，甚至能將危機變轉機，化轉機為商機。這些都未可知。Trust you, you can make it！

▍課堂四：行動，是通往目標的唯一道路！

《秘密》這本暢銷書，教導人「吸引力法則」的力量，告訴人們「心想事成」。這個概念，本質上是成立的。但是真正的心想事成，在心理學上應該是：當你深切的關注在某個想法上，你的潛意識(直覺)將會對這方面非常靈敏，容易針對該目標或問題，產生有力的觀察與靈感。比如，我長期在補教業發展，對於補教的相關訊息特別靈敏。當我走在街

上，無論是各式補習班，大大小小、高高低低的招牌，我都會注意到！又或者，當你有創業的想法時，就會一直看到關於創業的相關報導：「XXX用幾萬元創業，目前身價X億」、「XX視人不清，誤信好友，導致公司被掏空」、「青年創業的資金來源……」。看起來就像我們的想法把這些內容「吸」出來！

事實上，各式的資訊本來就充斥在周遭，只是因為我們有某種需要，讓潛意識變得特別靈敏，針對這些資訊有注意，才會發現這些資訊「大量的」為自己而出現。

但由於商業目的炒作，很多的內涵可能被誇大描述。導致很多人，光「想」卻不「做」！

金融風暴時期，兩位好久不見的朋友，在路上相逢……

A：「最近不景氣，到處都在裁員、減薪、放無薪假。唉……」

B：「是啊！真是滿不景氣的。不過啊！對我沒什麼影響……」

A：「喔！怎麼說？」

B：「我年薪九百多萬」

A：「哇，這不得了，那月薪有80幾萬啊？」

B：「是啊，這還不含股票和分紅呢！」

A：「嚇！什麼工作這麼好？老兄，這麼久不見，你在做什麼啊？」

B：「……我……做夢的！」

如果沒有切實的想法，具體的行動，你的夢想終究是

「空想」！

　　記住，無論你的創意再怎麼神妙，目標再怎麼偉大，如果沒有落實在行動，在終點那端的目標，就真的永遠都在「雲端」了！

▌課堂五：思考不設限，成就無上限！

　　不管你現在的處境是順境還是逆境，你都要持續擁有你真心渴望的「夢想」。對於自己的可能性，永遠要抱持樂觀的想法，不要在還沒有開始之前，就把夢想破滅了！

　　我曾經在一間大型補習班擔任培訓老師，就是被培養將來要能上臺獨當一面，在數百人的課堂上被學生崇拜的名師。這確實是我長久以來的渴望！而且我也知道「先蹲後跳」的道理，沒有些屈膝，如何能跳的高呢？於是我在那裡教一些小課，例如「加強班」之類的課程，一對一的解決每個學生各式各樣的問題。當時，我正在讀臺大博士班！

　　偶然的機會中，老闆表示他很賞識我，學生對我的評價也很高，不用兩年，我就可以擔當重任，獨當一面站在臺上教學生。將來我的年薪將會「高達」兩百萬！

　　我當時聽到，一點興奮的感覺都沒有！或許很多人會覺得「年薪兩百萬」非常多，但我認為以我的能力，做什麼領域，賺的都不會只有兩百萬！後來，我就技巧性的淡出這間補習班了！

　　很多人聽到這個故事，都認為我瘋了！想不通，怎麼會有人拒絕年薪兩百萬？！因為我當時認定，以我的教學能

力、表達能力、課堂魅力，大約值年薪五百萬。就是這麼回事！(如果他當時說給我年薪四百萬，我會考慮)

而且，補習班老闆給我年薪，意謂將會把我的時間全部綁滿，我可能會因此失去健康、自由度，並且錯失陪伴孩子成長的時間。那可不只是兩百萬的事啊！

之後我又如何呢？或許你之前沒聽過「尚明」。現在的我，是全臺灣鐘點最高的家教老師，時薪高達6千至1萬，豪門家庭爭相聘請。我在全國升研究所第一品牌大碩補習班，創下至少五項以上的記錄，學生上榜率最高，進班六年，鐘點就遠超過20年經驗的頂尖名師。更獲得集團董事長肯定，不但主動推薦親友來上，更允諾破格出書。也是曾上過課的學生最推薦的名師之一！第一次投稿，就受到圓神、時報、天下、高寶的正面回應，上市三個月，作品就被簽至大陸，在大陸上市。目前已出版四本書，還不時盤據知名網路書店排行榜！進入講師界不到兩年半的時間，表現受到各界肯定，鐘點持續飆升破萬，超越95%的講師！

我雖非行銷、經營的本科生，但素來對此極有興趣，並略有研究，長期應用在自己身上得到非常高的效益。2012年初，因緣際會，可以跨足企管顧問的領域。就在投入這個領域不到三個月的時間，就接到國內知名上市公司的輔導案，參與規劃、執行。而在此之前，更參與幾位立委的輔選專案的執行，也讓委託者谷底翻身，從民調最低，變成最高票獲選。

我在五個領域（家教、補教、作家、講師、企業顧問），在極短的時間裡，創造一定的成就，這絕非幸運可以比擬。你認為，當初我對自我的評估是否太過呢？或許當下的確是過度

自信的，但我堅信，我的實力絕對會追過我的自信！

不要因為現實的窘迫、環境的壓力，就放棄自己。即使在一無所有的時候，還能相信自己，那才是真自信！勇敢的向夢想邁進吧！

▌課堂六：成功不靠意志力！

傳統的成功學，有些部份是來自大師們的「體悟」。而許多的成功學流派，都堅稱「只要擁有無堅不摧的意志力，就一定能成功！」

然而歷經許多心理學與行為經濟學的研究，發現，「意志力」對於成功的幫助是不大的，甚至在某些情況，可能還是不好的！

比如，意志力堅強的人，往往很有自己的主見和想法，伴隨著「堅定」的意志力，很容易就變成「固執」。如果自己想法是正確的、好的，那倒無妨，怕的是：對於錯誤的判斷和決策，執意堅持，以過人的意志力去執行。那麼可能會錯失許多好的方法，拉長與目標的距離，甚至錯失目標。

對於心理學家的研究，成功者多半會展現出「自律」的能力。不過，自律並非來自「意志力」，而是來自有效的自我管理。

以目標管理來說，如果我們想達成一個目標，尤其是一個「遠大的」目標，該怎麼做呢？有一個有效的方法，稱之為「以終為始」。

先要設想你的目標是什麼？有什麼特徵、特色？是否能量化？給出具體的時間和要達成的結果。然後依此逆推，如果我要在7年後達到XX，在第6年時我應該具備什麼條件？具有哪些資格、身分？周遭交往的人脈是哪些人？具有多少資金？再往前，第五年、第四年……，到最近一年我應該達成什麼？我在最近一個月、三個月、半年，又該有什麼具體的行動？就這樣，把一個大目標，拆解成幾個階段性的小目標。就好像搭建一個梯子，逐層往上，逐步攀爬至頂峰！

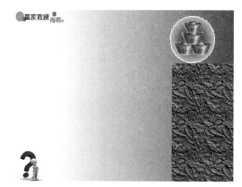

一個遠大的目標，好像離我們很遠，高掛在懸崖上！

但當我們逐步搭建階梯，每個階梯的高度都不難辦到。

終於，我們達到了頂峰，得到了寶藏（目標）！

以我第二本書《豪門家教基測不藏私》的寫作為例。當我有這第二本書的想法時，我設定這本書半年後出版、上市。於是由後往前逆推，就是「出書」→「寫作」→「提案」→「計畫」。

計畫	提案	寫作	出書
蒐集資料，比較坊間現有相關書籍之特色 訂定寫作大綱 確認合作對象之意願	將計畫整理為企劃書，提交出版社。 約用2~3週討論、修正構想	利用三個月內完成，以一本書7-8萬字估計： 每週僅需完成8000字，約4~5篇文章	半年內將新書《豪門家教讀書開竅》完成，並上市

就這樣，半年內如期完成。這就是目標管理！

只要計畫夠清晰，每個階段性目標的跨距都不遠，足夠

明確而簡單。那麼我麼就有行動的動力,不容易半途而廢。所以,是方法的問題,而非意志力!

當然,在立下遠大夢想的時候,要對自己的能力、資源有所了解。有了想法之後,趕緊蒐集適當的資訊、分析判斷,並立定具體可行的計畫,接下來,就是良好的自我管理,它將幫助你有效達成目標!

▌課堂七:勝兵先勝而後求戰

《孫子兵法》說:「勝兵先勝而後求戰,敗兵先戰而後求勝。」也就是說,在行動之前,我們就要創造可勝的態勢,而不是有勇無謀,先衝再說!

成功者都具有超強的行動力,即知即行,但在行動前,他們都在腦中做過盤算,預判勝利的機率以及最大失敗的承受度。許多的失敗可以在行動之前就預料到,可以避免,不需要花時間以及金錢去嘗試錯誤。「努力一定會成功」的時代已經過去,這個時代,在任何領域的成功,都需要智慧與勇氣。為什麼我能在極短的時間,在五大領域闖出一定的成果,那決非幸運可以辦到。

若以一句話來形容,我是:贏在行動,勝在策略!

也要提醒各位的是:這個世代,眼花撩亂,真假資訊到處充斥,莫被潮流沖昏了頭。要有自己的判斷!舉兩個常見的亂象:

一、有些所謂的成功學名師，本身並沒有什麼成功事蹟，純粹是「教成功學」而成功的。你不覺得這很怪嗎？在自己沒有成功的時候，就開班授徒，教你「如何成功」！

二、網賺課程亂像：所謂「網賺」，是指網路賺錢。通常透過工具、平台、機制，讓你用少量的時間，可以為自己在網路上創造每個月數千至數萬的收益。然而，近三年，網賺課程大行其道，但學員上完之後鮮少有賺錢的，而少數賺錢的幾位，竟然是幫「老師」推課程賺到錢的(推薦一位學員，就和老師對拆2~6萬的高額學費)。你有沒有發現，教你網賺的網賺名師，竟然自己是不靠網賺在賺錢，而是靠「實體課程」！

所以，別再盲目的從眾了！培養獨立思考、判斷的能力吧！以訛傳訛的後果，就是花錢又花時間買教訓！

最後，我要用李小龍總結截拳道的武術精神：「以無法為有法，以無限為有限。」與讀者共勉！天地之寬，有多少前人眼睛未曾看見，耳朵未曾聽見，人心也未曾想見的。總之，在追求成功的路上，抱持希望，勇往直前，不要被自己侷限了。

請記得，路是人走出來的，什麼路都有，就是沒有「絕路」！心態不設限，成就無上限。

贏家教練 尚明，與您共勉！

築夢大師第三號　吳長新

健康守護者，
振興中華文化的領頭羊

　　畢生以傳承、發揚中華優良文化為己任，以救人救命為志業，獲獎無數。四十餘年，致力研究、整理、創新中國傳統醫學，奔波世界，從事演講、教學，無私的傳播，項目包括：各式養生、武術氣功、無痛刮痧拔罐、手足推拿、易理針灸、耳穴、虹膜等，結合為「吳長新 整合療法」。

‖ 現任

（臺灣）馬英九總統兩岸醫療政策白皮書／撰寫人

（臺灣）傳統醫學民間療法回歸衛生署／成功催生人

（臺灣）臺灣非物質文化遺產項目／發起召集人

（臺灣）中華傳統民俗調理學會／理事長

（臺灣）中華手足健康法研究協會／理事長

（臺灣）中華民國科學氣功學會／榮譽理事長

（臺灣）中華吳氏無痛刮痧拔罐綜合健康促進會／榮譽理事長

（臺灣）臺北縣易經學會／榮譽理事長

（臺灣）拯合健康事業有限公司／負責人

（大陸）湖南中醫藥大學／終生客座教授

（大陸）中國中醫藥學會推拿學會手足推拿專業委員會／名譽主任委員
（大陸）國務院 九部委

　　　　區域總理事長兼榮譽秘書長（2011.11）

　　　　九星金章（2011.09）

　　　　全國足療、推拿行業 區域理事長

　　　　吳長新 手足情・真健康 全國品牌產業研究機構（2011.11）
（大陸）商務部 信用中國聯盟／常務理事（2011.5.28）
（美國）新傳統醫學文教基金會 (Whole New Life Culture Foundation)／主席
（美國）C.A.A.M 美國加州中醫公會／顧問

▌重要經歷

中華民國手足按摩健康會／創會人

北京中醫學院／客座教授

美國針灸學院／名譽顧問

加拿大針灸醫師公會／理事

中國醫藥研究所／研究員

香港中醫學院針灸氣功學系／系主任

中國大陸世界醫學氣功學會／副秘書長

　　(主席：崔月犁前衛生部長、秘書長：北京中醫學院高鶴亭院長)

中國推拿百科全書／編輯委員2008年3月28日

湖南省中醫藥大學第二屆「頤而康」杯針灸推拿手法技能大賽／

　　評審2008年11月15日

湖南省推拿專業委員會／名譽主任委員1996年12月15日

湖南省老幹部大學／客座教授1993年6月1日

長沙市按摩醫院／名譽院長1993年5月25日

湖南省推拿學會／特邀學術顧問1992年12月20日

▋課堂一：堅持信念，走過四十年無怨無悔

　　這真的是一條漫長的道路，不只追求臺灣人的健康福祉，也要將正確的健康理念推展到全世界。為了讓流傳千年，但到現代仍不能得到合法認證資格的「傳統醫學民間療法」列入國家衛生醫療體制的合法管理，這條追尋之路，我從年輕時代走到如今年過甲子，無怨無悔，一往無前。這一路走來，艱辛不斷，憑藉的著就是我心中那股強烈的使命感，這股為全民謀福祉的信念如此強烈，其發散的熱情，不只一直照耀著我的人生道路，讓我矢志不移，如今更有機會將成果展現全球，締造新的醫療里程碑。

　　但提到這一路走來的心路歷程，我心中其實有著淡淡的感傷。因為最初始觸發我投入這個終身追求的醫療振興志業的，是來自於我自己親人的遭遇。

　　在民國五六〇年代，臺灣的醫療體制比現在還亂，當時的醫學環境比現在更差。我自己當時有個女兒，出生後都很健康，但是到了一歲的時候卻發生了全身癱軟，乃至於沒辦法翻身的病症。身為父親，我當然著急的帶她去看醫生，但卻越看越嚴重，每個醫生講法都莫衷一是，有的說可能是摔跤，有的說是腦神經受傷，但當時怎麼樣都檢查不出病因。我那女孩的症狀，全身癱軟要人扶，否則連坐都不能坐，但當抽筋症狀一來，全身又變僵硬，會磨牙齒咬舌頭。我帶她看遍中西醫，都找不出病因。當然也看過民俗療法，在那個時代民俗療法非常的多，我印象深刻，有用竹苔去煮水來

喝，我當時為了取得竹苔，專程去情人谷找的很辛苦，去挖去搜集；後來還有一個，是一位住在六張犁的老先生，他當時的作法，是拿著一個牛角骨，在你的腳底用力的刮，刮到人們痛不欲生。現在我們知道，那就是早期的腳底按摩，只是方法不對，根本不需要那麼痛才能達到療效，那根本是錯誤的。如果當年臺灣能有正確的民俗醫療管理，以及制度化的環境，可能我女兒當時就有救了。

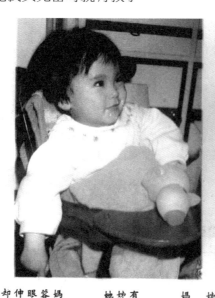

姊姊說：妹妹去那裏了？！
媽媽說：晚上一個人睡，怕不怕？！
妹妹變成小天使，
可以在天上飛，
有一對漂亮的翅膀，
晚上跟神住在一起。

有一天，
姊姊一早就起來了。
她好高興，她說：
昨晚妹妹帶我到天上去玩
飛得好高好遠，
天上好好玩，好漂亮喲！

媽媽說她也去過了。
媽媽問：爸呢？！
眼前盡是你的笑靨
伸出的手，
卻摸不著你溫暖的身體。

七十、六、廿七深夜憶想起生週年的愛女雪兒

另一件影響我的事，是我的父親，我家是個大家族，共有十個兄弟姐妹。我父親因少年得志，年紀輕輕的就在軍旅生涯有很高的成就，不到三十歲就已經做到少將的軍階，但也因工作壓力，經常必須應酬需要喝酒，卻也把胃喝壞了，有一天身體負荷不了，大量胃出血。緊急送到臺灣療養院急救，那醫院現在叫臺安醫院。因病症嚴重，加拿大籍院長還親自來救，情況緊急，還同時四肢輸血，才能挽救那大量的出血，最後割掉大部份的胃，用尼龍替代。其實本來是救不活的，但我記得很清楚，我母親帶著我們家十個小孩子，全部過去跪求醫院救人，給院長磕頭，說若救不活我父親，這十個小孩怎麼辦，當時院長被感動了，同意全力救治，但有個條件，要我們全家信主耶穌，之後終於四線同步輸血救回我父親。

這兩件事對我踏入醫學之路，有著深深的影響。其後又發生一件事，我爸後來因為胃又病發，需緊急送醫，當時因為醫療資源不夠，救護車不足，當時我在永和市叫了救護車但只能送到馬偕，不肯送到榮總（家父的病歷在榮總），因為全市只有一輛救護車，若期間有其他人需要，就沒車了。我們只好另外叫車，也就耽誤到我父親的送醫。

凡此種種，刺激了我對醫療改革的決心。從那時候一路走來，我碰到很多困難，包含我本身的醫學實力要培養，包含那時代的種種社會制度與習慣，乃至於直到今天，臺灣的醫療環境仍多有缺漏。我一往無前，奮鬥了四十多年，終於到今天，政府同意將傳統醫學民間療法納入國家衛生醫療體制，這是全世界首創，也是我人生的一個目標達成。

　　當然，這還仍只是開頭，未來還有長遠的路要走，要建立制度，要建立評鑒，要推展觀念到全國，要整理過往的所有醫學智慧，路還很長。但因著我內心那股毅力，我一路走來，從沒後悔過。

　　今天，我想以我的例子跟有志追求成功的人說，也許你立下的人生目標很遠大，看似遙不可及，也許你孤立無援，一個人做得很辛苦，但只要在內心深處，你有個信念，認同你正在做的事，那十年、二十年，你終將有所成就，也許尚未達到你的終極目標，但過程中，你也提昇了你自己生活的意義。

▋ 課堂二：一步一腳印，化理念為政策

　　做事需要方法，有熱情很重要，但單憑熱情不講方法，終究還是事倍功半，甚至還造成反效果。我在追求完整醫療理念的過程中，不只有熱情，也依照經驗法則，知曉很多事的推展，還是必須透過由上往下的力量，特別像醫療體系這樣制度面的事，更是如此。

　　那個年代，我最早本來是在學校擔任老師，後來，因為有感於對這社會的許多沉痾必須改革，而投身擔任民意代表。緣由我教書的那時，我發現這社會給學校的壓力實在太大了，完全扭曲了學校教育的正確理念與方法。我當時就覺得，我必須更積極參與社會，才能有效的發出聲音，發出力

量，這是我最早投入民意代表的原因，也是後來知道透過實際途徑推展理念的根源。

這數十年來，我推展民俗療法，一步一腳印，每步踏出都不容易，但要讓這不容易的一步可以落實，更要講究有效的方法。

初始我必須建立我自己的基本學養，找尋專家，學習典範。並在社會基層結合實務驗證自己的理念。在過程中，我要建立起自己的知名度，以及受人尊敬的真誠，這樣當我推動一個理念時，才能獲得信服。我甚至將理念推展的觸角，廣布兩岸，乃至於國際社會，初始逐步得到民間友人的認同，繼而透過媒體發聲，並以實務獲得相關單位的肯定。最後，尚需整合所有的經驗，提出願景，做出明白清楚的藍圖，和國家請願，彼時方能水到渠成，讓一個好的理念為國家所接受，並訂為政策，且頒布作法落實民間。

2010年8月，監察院糾正衛生署：「長期以來……輕忽中醫藥發展。」沒能具體實現憲法增修條文第十條第五項依法行政：「國家應推行全民健康保險，並促進現代和傳統醫藥之研究發展。」我並於當年9月16日，帶領學員前往監察院獻花陳情：「中醫即將淪亡！」，由長期重視臺灣醫療發展的趙昌平監察委員親切接待。同年12月8日，監察院院會通過；12月9日，王建煊院長正式行文行政院衛生署，主旨：「據吳長新君陳述，建請貴署儘速成立『傳統醫學整合民間療法委員會』，推動各項民俗療法等情案……。」

透過「找回失落的國寶」大型活動兩次，於臺北市國際會議中心，確定目標。

次年，2012年3月，我應邀至行政院衛生署中醫藥委員會演講：「從全民拍打功談傳統醫學整合民間療法與現代中西醫學的關係暨國際趨勢」。

與此同時，我也積極廣結善緣、爭取認同、結合力量。例如：協辦海峽兩岸醫事交流協會，語一心為國、胸懷寬闊的黃松雄理事長主辦「2012海峽兩岸銀髮族健康與照護研討會暨健康生活博覽遊園會」，並於2012年10月28日，在臺北市振興醫院盛大舉行，締造國際間首次結合西醫‧中醫‧傳統醫學民間療法在同一場合的活動記錄。

2012年11月22日，「傳統醫學民間療法（拔罐烤洞）」與「現代中醫（埋線減肥）」都出現了嚴重的醫療傷害與糾紛，促成政府正在規劃的活動提早曝光。當日報載：行政院消費者保護處表示，將以衛生署做為民俗療法的主管機關；衛生署中醫藥委員會表示，今年5月29日已修正「民俗調理之管理規定事項」，明年1月起納入衛生福利部管理，業者必須透過認證、登記等方式進行規範。

整體一路走來，中間建立了許多的專業、人脈，理念認同，以及民間各單位結合，到最後到政府各部會的共識。這中間走了很長很遠的路，我的步履不只遍及臺灣，也遠及大陸和世界各地。

今天，不論你想要推展的是什麼理念志業，請在你心中布局一個長遠的藍圖，理想不是靠吶喊而來，而是靠一步一腳印。

你，準備邁出你「踏實」的腳步了嗎？

醫藥 A10 中華民國101年11月22日 星期四 United Evening News 聯合晚報

民俗療法業者 由衛生署管理

推拿、按摩、拔罐、整脊、刮痧都將納入 賣青草茶也要登記

【記者李樹人、張博亭／台北報導】

坊間整復推拿、刮痧按摩等民俗療法機構林立，過去缺乏管理。行政院消費者保護處今天表示，將以衛生署做為民俗療法的主管機關。未來民俗療法機構一旦違法，衛生署將依法開罰。衛生型中醫藥委員會也表示，明年1月起納入衛生福利部管理，業者必須透過認證、登記等法律規範，就連販售青草茶，也必須先向主管機關整記。

衛生署中醫藥委員會主委黃林煌估計，目前全國約

20多萬人從事民俗療法，包括刀療功、撥筋活、傳統整復推拿、按摩、拔罐、整脊刮痧等，常見的青草茶也屬於民俗療法範圍，由於未規範，因此亂象叢生。

今年5月29日衛生署修正「民俗調理之管理規定事項」，明文規定民俗調理行為包含傳統整復推拿、按摩、指壓、刮痧、部底按摩、拔罐、民間習用外敷養藥、外敷生草藥、藥洗、且不得宣稱醫療效能，違法可依法開罰。

黃林煌指出，明年衛生福利部成立之後，民俗

理相關業將交由中醫藥司管理。目前規畫將採取認證、登記等方式規範。初期以傳統整復推拿、按摩、刮痧、拔罐子、青草茶等五大類別為主。

五大類別中前四項採認證制度，從事業者必須通過一定的認證考試，一半為學科，一半為技術考核。關於中醫藥司會出版相關參考題，讓相關業者熟讀學科內容，至青草茶則採身記辦理。

黃林煌強調，全台灣都可以見到青草茶業者，但不知道內容是什麼。未來要販售青草茶必須先向主管機關登記，才可販售。

▌課堂三：博大精深，知其然也知其所以然

　　「頭痛醫頭，腳痛醫腳。」這是人們常常取笑施政只會看表面，不懂追究根源。然而，說是政策，這句詞裡用的卻是「醫」這個字，可見治療身體的醫學和管理眾人生活的政治，其實是道理相通的。

　　做醫護的人要懂得，第一是醫理、正確手法，否則救人不成，反而傷人，我那個年代所看到的腳底按摩，把人弄得痛得要死，卻還誤以為痛就是有效。另一個是醫德，心中要有人性、要有理想，這是保健救命事業，不是斂財的事業；要做什麼像什麼，自然能夠要什麼有什麼。

　　想想，這個社會病了，有沒有人想過是什麼原因，其實是和情緒有關，當一個人身體不適，心情一定不好，心情差，情緒就來了，人人情緒都來，這社會就充滿了暴戾之氣，所以我發現到很重要的一點，情緒壓力越重的社會，老百姓生活越苦，就像臺灣，或者是是日本，都是壓力大的國家，在壓力情況下，各種怪病就紛紛出籠，像是憂鬱症、精神疾病，都是壓力帶來的。追根究底，原來，醫學真的是社會福祉的根本。

**　　我矢志投入醫學體制奮鬥，其實也是為全民謀福利。**

　　當然，這不是容易的事。前面說過「醫理、正確手法」。很多民俗療法從業人員不懂醫理、沒有正確手法，因

此被社會垢病：只知其然，不知其所以然。主要是傳統醫學民間療法有兩個特徵： 1.非常簡易、2.非常有效。因此「留一手、單傳、密傳、不傳六耳、傳子不傳女」的私利影響，時隔久遠，智慧精髓大多湮滅，只徒留虛名，而必須藉由裝神弄鬼、故弄玄虛、誇誇其詞吸引會眾、客戶，那自然就容易出現糾紛。

所以現代社會不時有所傳聞，有人拔罐拔出毛病來，有人整脊、推拿甚至把命都丟了，至於因神功、服用偏方等，小則帶來身體不適，肌膚痛苦，大則走火入魔、病情急速惡化，越醫越糟等等後遺症。其根源都在於沒有抓到「醫理」。而不懂「醫理」，沒有正確手法，就擅自調理病人，這就有違「醫德」了。

我四十多年來一直呼籲將民俗療法納入國家體制，因為現在的社會太亂了，滿街都是腳底按摩、整脊、推拿、刮痧拔罐等養生會館，但國家完全沒有醫學標準與規範，人民健康毫無保障。另外，當一切沒有制度化，古老傳承的智慧，終將在後人亂搞的情況下，真正的核心精神流失，千年的寶藏也就面臨永遠湮滅失傳的危機。

此所以在國家終於願意將民俗療法納入國家體制時，我非常的感動高興。

我自己本身投入這個領域，也是下過很多工夫，如同我說的，醫理，不只要知其然，也要知其所以然。中醫和民俗療法，其實有著博大精深的知識，牽涉到很多學問。

包括《易經》、陰陽之術五行生剋、人體經脈學、氣功調養學、還有結合四時節氣的身體變化。當年吳神父將腳底

按摩引進臺灣，造成風潮，直到我補強了手足按摩，且導入無痛概念，融入陰陽五行，這門學識才更確認。

今天，我要奉勸所有年輕人，或有志成大功立大業的上班族或有為人士們，不論你們是從事什麼志業，推展什麼大事業，很重要的一點，要推展就要認真投入，要投入就要「知其然，也知其所以然。」而你們都知道，凡事都不是單一存在的，每一個學問都牽涉到許多週邊相關。當年國父創立中華民國，他自己本身不只是醫生，也是學富五車的博士，才能將各種學問融會貫通，擘畫國家藍圖。

如今你們要拓展事業，一定也要全心投入，博大精深，真正成為那一門學問的專家，如此你才能說，你是真的全心全意投入那個志業。

▍課堂四：建立格局，創造富國際觀的影響力

真正的事業，會有一定的格局。

我在追求將民俗療法納入國家管理的願景路上，其實，我的內心計畫非常的宏大。在我的心中，我是要將傳承數千年的中華文化，再度振興起來，這是一件很艱困卻也很重要的事。但我無怨無悔，努力要去做這頭「振興中華文化的領頭羊」。

我的願景也融和了世界觀，在我心中，中華傳承的中醫

及民俗療法，不只是一種醫技，實際上是一個全地球的寶藏，真正來說，其是全世界的珍貴民族遺產。

而今，我若將這件事發揚光大，近則讓臺灣的民眾可以得到完整醫療的保健與保障，從今而後，我們及未來的世代子孫，都將因更完備的醫療，結合更多智慧更懂醫理的醫技，而過著更健康的生活，臺灣人民會活的更健康、快樂長壽。中長期的發展，則是大陸定會跟隨臺灣的腳步，加緊整個民俗療法的管理。可以說，雖然如今以國防、經濟的角度，大陸勝過我們，但有了文化的根柢，我們仍是文化強國。繼則，全世界也將以臺灣為民俗療法的中心，全世界的相關業者都將來臺灣取經，來臺灣認證。這當然提昇了臺灣的國際地位，為臺灣取得文化強國的國際話語權。

以世界為鏡，我在推展民俗療法的過程中，一直和世界趨勢同步，甚或超前。

有鑑於世界各國傳統醫學的流失，是人類文明的一大缺失，WHO曾發表了「2002-2005傳統醫學戰略」，呼籲各國政府大力提倡，將傳統醫學（民間療法）、替代性醫學納入國家體制，促進持照行醫，大陸「保健刮痧師」、「保健足療師」等國家認證政策已行之多年。世界在進步，唯獨臺灣沒有行動，並缺乏專責機構。我那時候就憂心忡忡，一直極力和政府做呼籲。

美國衛生部早在13年前就成立NCCAM「國家輔助及替代醫療中心」，至今花費超過一千億台幣持續加緊研究。台

大2009年跟進，成立「整合醫學中心諮詢門診」。而美國政府於2009年7月30日公佈的一份調查顯示，美國民眾花費在「輔助療法與替代性療法」的金錢，2007年商機340億(約台幣一兆)，並且逐年增加，可見「傳統醫學民間療法」的商機非常龐大。

　　做為中華傳承智慧最大寶藏所在地的臺灣，如果能「創造加值文化」，正確整合民間智慧，那臺灣即可拔得頭籌，成為世界的民俗療法中心。屆時，現在臺灣煩惱的健保破產問題，就自然迎刃而解。不但得到平衡健保、開展龐大商機、增加就業機會，還可給人民健康快樂，過幸福生活的具體效能。

　　我一直擔心的是臺灣原本的「傳統醫學民間療法」堪稱「臺灣之光 世界第一」，穩居世界之冠，執國際牛耳已數十年，唯不自知。若不警醒，掌握優勢，引領發展的最後機會，即將逝去。

　　開啟國際「傳統醫學整合民間療法」的唯一金鑰匙深埋臺灣民間，目前掌握在我的手中，因為正確具體有效的「整合療法」必須具備幾項基本條件：

一、必須有中醫基礎，融會貫通數十種民間療法：

　　並有著作、課程及器材等，以及豐富的臨床經驗；因為「整合療法」絕非一般觀念只是將單科單項聚集一處能竟其功，這也就是美國NCCAM「國家輔助及替代醫療中心」，以及台大「整合醫學中心諮詢門診」至今「療甚於無」，無

法突破的最大關鍵。

二、必須有醫理依據暨正確手法醫學：

目前「傳統醫學民間療法」的手法醫學，可說是沒有正確的，也沒有錯誤的，因為幾乎都沒有醫理可循，我依據《清·四庫全書·醫宗金鑑》推出了「正確手法醫學」，根本改變了越痛越好的錯誤手法，不是暴力造成微血管破壞傷害，也不是不敢用力輕輕撫摸—包括「腳底按摩」與「推拿、刮痧、拔罐」等等。

三、必須熟知「易理（陰陽五行）」，並且具備古醫書閱讀能力。

才能深入古醫精髓。我於民國74年創立新北市易經學會並擔任理事長，將易理及醫理整合，「易理（陰陽五行）」是我國醫學理論的根本精髓，學中醫與「傳統醫學民間療法」者，若不知「易」，看不懂古文，如何閱讀古醫典籍深入精髓，發揚傳統文化？

整體來說，我在推展一件事情時，想的已經不只單單是這件事的完成，而是這整件事以及其帶給整體社會乃至於全世界的影響。

今天，年輕人們，不論你從事哪一個行業，立下什麼志願，希望你們都能培養更宏觀的格局，以更長遠的視野觀點去想事情。

想賺大錢的，你一定不是只想要怎樣才能讓口袋滿滿，你要想的應該是你如何造福更多人、影響更多人，當有很多

人受你的貢獻影響，你自然就會賺大錢。其他想開餐廳、想建立事業公司、想發展任何理念的，都是一樣道理。

格局大，事業才會跟著大。

2013.01.11.AM11兩岸醫療政策白皮書撰寫者與馬英九總統合影(左二吳長新)

▌課堂五：放大視界，心中自有恢宏藍圖

我的理念，始終如一，四五十年下來，不曾動搖，只有更加強。

在我心中，始終有著一幅藍圖：

臺灣可以成為「傳統醫學民間療法」（包含腳底按摩足療、推拿、刮痧、拔罐、「整合療法」等）的國際認證中心：目前台海兩岸、世界華人地區養生會館林立，經營業務都是以「腳底按摩（足療）」招徠客人，並有整體推拿、刮痧、拔罐等項目，臺灣目前仍然保有國際第一的優勢，必須政府引領「創造加值文化」，才能克竟其功。

我的願景，始終是要為振興中華（醫學，包括腳底按摩等）文化努力，成為振興中華文化的領頭羊，我要為臺灣贏得國際文化強國話語權。

在吳神父以宗教家的胸懷，揚棄舊理論，「認同中華文化」後，我已與之協商，願意將手法醫學結合神父豐富的臨床，成為「臺灣非物質文化遺產項目」，再次開創足療國際風華，成為國際認證旗艦，為臺灣引進龐大商機，百姓的健康有更好的保障。

我國民間實力豐厚，有能力成為國際主流推拿：泰氏推拿為目前國際主流推拿，主要原因是泰國衛生部的大力支持與推廣，事實上我國推拿有實力超越「泰式推拿」，只要衛生單位支持將現有的各式推拿(上述足療、手足、小兒、豐胸、美容推拿、傷科推拿、整體推拿等)整合，創編一套完整的整體推拿體系，必然引領風騷，成為國際主流推拿。

我的思慮範圍也包含著民間的未來發展，包含20萬整復師的民心向背，現行重點在推拿，因為推拿抗爭最多，事實上包括刮痧、氣功等整體人數更多，加上親人倍數影響，長

期以來都是與政府對立，現在恰是最好的時機，整體政策宣導稍加調整，就可改變思考。

另外，中醫師檢定考試合格人數數萬，部分人士組成自救會，藉此次醫療體制調整機會，恰好為國家挖掘一批可用人才，適才適所，節省人力物力，化除怨懟。

有關我的願景，未來仍有長遠的路要走，我希望國家可以慎始。評鑑、認證的公平、公開，以及特殊人士的特有狀況，最易引發弊端等紛爭，事前充分準備，顧及妥善規劃、防範尤其重要，絕不可掉以輕心，事情發生，經抗爭再修改，美意全失。

我很高興的，今天，我一路走來始終如一，也看到我的願景逐步實現。我看到的臺灣已開始提升「傳統醫學民間療法」，完整醫療體系，恢復民族自信心，成就百年以來的民族壯舉，寫下輝煌的歷史頁章，成為振興文化的領頭羊，贏得文化強國話語權；以文化統一中國，謀兩岸長久和平，文化是上天與祖先留給兩岸子孫和平融合的瑰寶。兩岸互助發展，才能共創全球華人品牌，迎接華人世紀輝煌！

第 2 篇

人際關係正面循環
成功從愛家開始

築夢大師第四號 樊友文

幸福人生，從愛家開始

　　樊友文 教練／家庭教練，家庭教練範疇包括人際關係、自我了解、婚姻與為人父母的準備、家庭財務規劃、教養孩子、年輕人對成人角色的社會化、個人與家庭互動、以及注重每個家庭的獨特性。

　　因友文對家庭關係、財富及健康等生活品質提升的需求，開始走上尋求解答，原以為這是一個非常簡單的問題，一路走來才發現，每個人甚至每個家庭都是不一樣的，沒有一個方法是可以解決所有家庭的問題，唯有我們自己開始察覺需要改變，找到擁有的資源，並開始採取行動，就開始走上幸福美滿的成功人生道路上！

▌資歷

世界華人講師聯盟／理事2011-2012,2012-2013
國際教練聯盟臺灣總會／親子SIG招集人
國際教練聯盟／ACC教練認證
International Coach Academy國際教練學院畢業
2011年商業周刊<我是好小孩>冬、夏令營／講師
深圳青少年卓越營／講師
2012年靈山文教基金會<青少年4Q快樂成長營>／講師

▌服務邀約

手機：0972781171
Email：fanween@gmail.com

　　有人說，人生如戲；也有人說，人生如夢。有人說，人生像一條河；也有人說，人生是一本書。有人說，人生是一站又一站的旅程；也有人說，人生是一關又一關的挑戰。我說，無論人生像什麼，我們共同的起點都來自於家庭，共同的目標都是追求最大幸福。

　　什麼是幸福？《尚書・洪範》是中國古代思想中的重要篇章，闡述君王治國要順應天地人的常理，其中提到五種幸福：「一曰壽，二曰富，三曰康寧，四曰攸好德，五曰考終命。」長壽、富貴、健康安寧、修養美德、得善終，「五福臨門」是中國人認為幸福的極致。用現代的眼光來看，幸福人生是由身體健康、家庭美滿、人際和諧、財富自由和自我實現組合而成的一個圓，與老祖宗的觀點相差無幾。

▌課堂一：家庭圓滿是成功人生的第一環

　　古人云：「修身、齊家、治國、平天下。」人生就像一個同心圓，圓心是自己，環繞自己、擴大自己、支撐自己、關係最親密、最基本的第一環，就是家庭，家人是與我們共存共榮的生命共同體。

　　就算你是大老闆、成為企業楷模、成功事業名人，賺了很多錢，但是家庭破碎、夫妻相敬如「冰」、孩子不學好，你與父母、兄弟姊妹之間形同陌路，那不是圓滿富足的成功

人生，而是名符其實的「窮到只剩下錢」。

許多人會認為職場上碰到的困難才是困難，需要去學習、去突破，至於家庭的問題，既然無關賺錢與否，應付應付就行了，直到孩子不願聽話，便說「兒孫自有兒孫福」；夫妻關係緊繃，就說「家家有本難念的經」，消極的找藉口。職涯上碰到升遷或任務執行上的瓶頸，大部分人會盡力尋求解決之道，但家庭出現狀況時卻常後知後覺，甚至選擇逃避，假裝投入工作，實則放棄家人、放棄溝通，甚至尋求第三者的慰藉，反而造成更多傷害。

誠心籲請每一位朋友，請將「家庭」這一環列入你的人生發展藍圖，照顧家庭要像照顧你其他領域的夢想一樣用心，將來才不會有難以彌補的缺憾。

▌課堂二：教育孩子之前，要先教育自己

有一句廣告詞說得很貼切：「我是在當爸爸之後，才開始學習當爸爸的。」成為父母是人的天生本能，但成為稱職的父母，絕對需要後天學習。

父親歷經「十萬青年十萬軍，一寸山河一寸血」那樣大時代的動盪，最後在臺灣成家，我出生時，他已年近半百。父親半生戎馬，律人律己皆嚴，是典型的嚴父，對我這個臨老才得的獨子，只有要求再要求，相較之下母親就和藹多了。然而個性迥異的兩人，唯獨對一件事看法一致，那就是

孩子「不打不成器」。在那個不時興親職教育、親子溝通的年代，「竹筍炒肉絲」這道經典料理，成為調皮搗蛋、個性倔強的我成長回憶裡最鮮明的滋味。

　　長大後，我也像父親一樣成為講求「合理的要求是訓練，不合理的要求是磨練」的職業軍人。在賞罰分明、恩威並濟之下，阿兵哥個個對我又敬又畏。但當了爸爸，面對粉嫩的嬰孩卻手足無措。雖然常提醒自己不要重蹈覆轍，不要用打罵教育，希望能和孩子有親密的父子關係，不要有疏離感，但適逢轉換人生跑道，全副心思都在事業上，沒有特別去經營親子關係，更遑論注重孩子的養成教育。

　　有一次，在念幼稚園的兒子跑來問我：「學校有人打我，怎麼辦？」當下我直覺回答：「人家打你你不會打回去啊！」便不再理會。直到某天忽見兒子在打妹妹，我很生氣的糾正他時，兒子竟回嘴道：「你告訴我，別人打我的時候要打回去啊！是妹妹先打我的啊！」這下我才驚覺自己無心的一句話對孩子的影響力。

　　由於不想和自己的父親一樣用打罵的方式來教育小孩，開始接觸親子教育的專業領域後，我也在孩子身上照見自己的缺失，尤其是情緒容易高漲和沒有耐性，於是從為了學習「如何當一個稱職的爸爸」，希望能發揮父母效能，正確教養孩子，一步一步，意外踏上講師之路。

　　孩子有自己與生俱來的特殊氣質，父母當然也不例外，教育孩子之前，父母要先認識自己、了解自己，進而了解孩子，才能找出最有效的相處方式，試想：急驚風的媽媽加上慢郎中的爸爸，再碰上一個堅持度高的孩子，會有多少需

要彼此包容變通的情況發生？親子教育就是終身學習，隨著孩子的成長和我們自身的變化，需要不斷調整。根據我的觀察，最大的成敗關鍵，還是在於父母的態度。

課堂三：人到心到，用心相待

在擔任營隊講師的過程中，我們很開心的看到孩子的成長與正向改變，但一個月之後，在電訪中發現很多孩子還是回到原本的生活樣子。自己深刻的體會教育是持續進行的，父母的言行更足以影響孩子的一生，唯有先解決大人的問題，孩子才能獲得改善，進而希望以教練技巧協助父母找到適合自己家庭的方法，讓父母有能力、有能量、有效能的處理家庭生活會面臨的各種情形，提升家庭生活品質。

總結我對親職教育的心得，最重要的還是父母的態度。請問大家在日常生活中，最常聽到父母對不能做好管教問題的藉口是什麼？相信很多人一猜就中，那句經典名言就是：「沒時間。」因為我們也常說那句話。

專案沒做好，是因為時間不夠；孩子希望你能陪他郊遊踏青，父母說工作太忙，有空再說。為何不去進修上課，讓工作更得心應手？答案通常也是沒時間。事實上真的有那麼忙嗎？假設你現在腹痛如絞，你會說沒時間去上廁所嗎？如果現在通知有筆千萬獎金 (假設不是詐騙)，要你立刻去領，否則失效，你會說沒時間去領嗎？當然，親子問題沒有像生

理需求那麼有急迫性，也不如天上掉下來一筆有時效性的財富那麼令人亢奮，重點在於我們對家人有沒有重視，而不是有沒有時間。

　　學過管理的人都知道，以時間管理的科學角度來看，事情分成四大類：重要且急迫，不重要但急迫，重要但不急迫，以及不重要也不急迫的事。與家庭相關的事，經常被列入重要但不急迫那一類 (基本上，人們至少還是願意把家庭的事列為「重要」)。

　　由於家事不像公事，做得好可以獲得老闆賞識，嘉勉晉升，家庭關係需要「長期」經營，所以以「投資報酬率」來看，當然加班處理公司任務，會比回家陪伴孩子急迫。就是因為這樣的「邏輯」，讓原本「重要但不急迫」的情形，久而久之演變成「重要但急迫」的問題，更糟糕的是變成第五類：「重要但難以挽回」的事情，到那時已經是遺憾了。

　　衷心的建議，即使真的很難抽出時間，也一定要秉持一個關鍵原則，就是「人到心到」。相處的時候，就「真的」和家人好好相處，人在，心也要在對方身上。

　　現代家庭多半是雙薪小家庭，父母從早忙到晚。其實，孩子很聰明，大部分也都善解人意，他們也知道爸媽很忙，不會真的任性要父母時時陪伴。重點是，當父母在身邊的時候，是「真的」在那邊嗎？

　　把短短的難得的早餐或晚餐時光用來唸小孩，說功課沒做好，上學不好好唸書，你知道學費多貴，爸爸賺錢多辛苦嗎？這類的話。讓孩子聽了傷心，也和爸爸越來越有距離。或是全家出遊的時候，大人總是在接手機。當孩子興奮的

說：「爸爸你看！媽媽妳看！」急於分享的時候，眼皮抬也不抬說：「喔，看到了。」、「不錯，你很棒。」、「這有甚麼好看的。」都是人在心不在的表現。

最忌諱的莫過於在家人重要的時刻，例如慶生會或畢業典禮，甚至是他參加比賽得獎的頒獎典禮，你答應要去卻又說另有要事無法出席，更有甚者，根本忘記曾許下的承諾。很多父母喜歡說自己陪孩子的時間是「重質不重量」，在我看來其實是一個藉口，因為「質」是從「量」中萃取出來的，量不足，質也相對的少得可憐。

說到底，所有人際關係間的基本要件，就是信任兩個字。人與人間親疏有別，家庭比起其他人際關係，是最親密的一環，父母和子女間最大的聯結，除了血緣關係外，就是需要高度的信任。

當孩子對父母產生不信任，有事不願意和父母商討，轉而尋求同儕的協助認同，將來思想偏差、導致社會問題的可能性也就隨之提高。所以請做父母的，用心對待家人，當你用心對待，不但讓家庭更和樂，您更是穩定社會的大功臣。

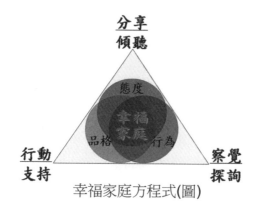

幸福家庭方程式(圖)

▎課堂四：父母恩，一世情

　　你經常留意自己的父母嗎？有沒有發現他們的味覺似乎不再那麼靈敏，動作也遲緩了，漸漸不愛出門，老喜歡問：「放假要不要帶孩子回來吃飯啊？我有煮你愛吃的喔。」人都會老，越到年老的時候，越希望跟自己的子女在一起，而現在的父母其實就是未來的我們。

　　因為小時候常被打罵，加上成長過程艱辛的父母，從不對我們訴說自己的故事，使我心裡產生一份距離感，為了不想再受到質疑和責難，免不了也會做一些陽奉陰違的事。即使在職場上表現亮眼，大家都讚賞我的能力，唯獨在父母眼裡，我永遠是長不大的彼得潘，不管做甚麼事，他們都會懷疑我的判斷，這一點著實讓我受挫。

　　正所謂：「養兒方知父母恩」，許多曾經對父母親的不理解，在我自己也為人父之後，總算慢慢懂了。了解父母會如何擔憂子女，所以要培養孩子負責任的能力，彼此信任，讓我可以勇敢的慢慢放手，相信孩子能自立，不做無謂的擔心和質疑。

　　為了讓下一代順利成長茁壯，我們對兒女的付出和重視，經常比對父母高出許多，這是生物本能。「羔羊跪乳、烏鴉反哺」，古人常以此教育子女百善孝為先的道理，其實只是個美麗的誤會。羔羊和烏鴉不是懂得孝順感恩，而是因為小羊不這樣就喝不到奶，而烏鴉只是生性會將多餘的食物分享給其他同伴，並不是長大的小烏鴉在餵食自己的父母。

但人之所以有別於其他生物，在於我們受了教育，因此在生物本能之上，在撫育下一代的同時，我們也懂得敬養曾經撫育我們的上一代。現今由於家庭結構改變，小家庭比例占半數以上，現代家庭關係中常被忽略的正是我們與父母的關係，因此社會上有很多極端的例子，一則是顯得過份疏離，一則是毫無禮數可言。

兒子三歲時的某天，在洗澡的時候突然若有所感的對媽媽說：「媽咪謝謝妳，妳好辛苦，好偉大喔！」當時老婆聽了感動得掉下淚來，她語帶哽咽的問兒子：「你覺得媽咪哪裡偉大？」兒子歪頭想了一下，笑嘻嘻的大聲說道：「因為妳好～會罵人喔！」於是「媽咪好偉大」這件事在我們家成了一個笑話。

原來托兒所每個月幫小壽星慶生時，會告訴孩子們自己的生日就是母親受難的日子，因為媽媽懷胎十月非常辛苦，生小孩的時候非常的痛，養育小孩身心很勞累，所以媽媽非常偉大，小朋友在自己生日那天應該要好好謝謝媽媽，而不是吵著要吃蛋糕、要吃麥當勞。但剛上托兒所的兒子太小，老師的美意有聽沒有懂，成了令人莞爾的童言童語。

長大些的兒子，曾用詩人般的口吻對媽媽說：「如果妳走進我的心裡，會看到我對妳的愛是一望無際。」老婆感動之餘還將這段小故事投稿到「國語日報」，獲得了刊登。兩個女兒更不用說了，成天就是和爸爸媽媽親啊抱啊，甜得不得了。我祈禱著，也努力著，讓孩子與我們之間美好的聯結，不會因為時空轉換而淡漠。

孩子的自然和感性，真令我羨慕，令我望塵莫及啊，即

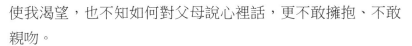

使我渴望，也不知如何對父母說心裡話，更不敢擁抱、不敢親吻。

　　在一次特別的課堂上，老師要我們回想五歲的自己，去抱抱那個驚慌失措的孩子，告訴他，不要怕，沒關係，不是你的錯……。那天，是我人生中第一次跟一群人一起哭得悽慘無比，我痛快的流淚，安撫內在那個受傷的孩子，並打了電話給年邁卻堅持獨居的父親，告訴他，我愛他。如此迫不及待，深怕來不及。

　　父親生長在戰亂的年代，受的傷吃的苦，不是生活安樂的我們可以想見；母親十七歲嫁給父親，不過是個大孩子的年紀，已經要含辛茹苦的操持一個所得無幾的家。那時我才想到，他們心中一定有一個更需要被擁抱且驚慌失措百倍的孩子！為了養育我們長成一個正直的人，他們費盡多少心血多少努力？霎那間，我似乎都能體會了。

　　我們不能選擇自己的父母，父母也無法選擇誰做他們的子女，成為一家人，都是天註定的緣份。也許在被父母養育的過程中，曾有許多摩擦、誤解等不愉快的經驗，然而其實他們本身就不曾被好好愛過，以至於不懂得怎麼好好愛我們，只會講責任、義務，一昧的要求我們承擔他們所希望的一切。或者我們很幸運，遇到的是生來就懂得疼惜我們的父母，是我們堅強的後盾和溫暖港灣。不管是哪一種，彼此那一份想要被愛、被了解、互相依偎的渴望都是一樣的。當我們成熟茁壯，應該懂得如果有傷，要和解、要遺忘，懂得去感謝和回報，瞭解我們小時候以為凡事萬能的父母，其實也是需要被愛和學習如何去愛的普通人。

「樹欲靜而風不止，子欲養而親不待。」至親往生，孝子孝女在靈堂裡哭得柔腸寸斷，聲淚俱下，當他們說自己不孝時，有時候並不是喪禮上的裝模作態，而是真正地後悔自己在父母健在時的種種作為，以及種種不作為。其實父母要的真的不多，孩子一句貼心話，一個體己的舉動，就能讓他們開心的認為自己是天下最幸福的人。天下偶有不是的父母，但大部份的父母都把孩子當成心頭肉，他們對孩子真的沒要求什麼，最大的要求就只是尊重，至於孩子拿錢回家，也許對他們來說很重要，但絕對不是列為第一要務，比起金錢，他們更希望的是，我們健康快樂。

在人生成功學裡，父母關係很少被列入，很少看到成功學的書把孝順父母列為重要一環，在本堂課裡，我特別強調這件事，請記得，在自己邁向成功人生的藍圖上，畫出愛父母這一塊，這是我最衷心的建議。

▋課堂五：千里姻緣一線牽，少年夫妻老來伴

有一次我開著車，聽到廣播裡江蕙小姐優美動人的歌聲唱著：「……阮將青春嫁置恁兜，阮對少年跟你跟甲老，人情世事已經看透透，有啥人比你卡重要……」聽著聽著竟紅了眼眶，鼻頭一酸，淚水差點掉下來。那首歌，正是膾炙人口的「家後」，鄭進一先生的詞曲。

太太嫁給我的時候還是個大學生。當時太太娘家眾親友

都反對這門婚事，丈母娘卻獨排眾議，願意把芳齡二十的女兒嫁給我這個交往才半年的阿兵哥，著實令我感激涕零！後來才知道，原來當時六神無主的丈母娘求助高人指點之後，獲知她擋下這份姻緣的後果是女兒可能要當一輩子老小姐，權衡輕重之下，這才點頭答應。我還一直當是我的誠心感動了老人家呢。

　　太太一畢業就升格當媽媽，不久又晉階為有三個孩子的職業婦女，每天都過得很忙碌。她常說她這輩子沒當過真正的「小姐」，就直接從「學生妹」跳級當「阿桑」，多多少少有點遺憾。結婚十六年，歷經磨合期、度過七年之癢，現在我們彷彿是對方呼吸的空氣、菜餚裡的調味劑，一個動作一個眼神，就能明白彼此需要什麼。越相處越順心，幾乎忘了當年還不夠成熟的時候，為了維繫這段婚姻曾經何等傷神。

　　年輕氣盛的我，脾氣不但來的急去的慢，而且又臭又硬，經常把太座氣壞了卻不自知。為了顧及我的顏面，她總是用暗示或婉轉的方式表態，期待我能了解她的心情和想法，無奈成效不彰，後來改採「打開天窗說亮話」的戰略，加上一封封文情並茂的家書，漸漸讓我明白女人為人婦、為人媳、為人母的心路歷程。

　　要說我們夫妻倆最驕傲的一件事，便是絕對不在氣頭上說氣話。這一點，我敢說我們百分之百的做到了。父親給我們的新婚祝辭，便是「互敬互信，互愛互諒」八個字，八字箴言，雖然知易行難，但我知道我們已走在對的路上。

　　夫妻，兩個來自不同家庭、沒有血緣關係的人，因為緣

份、因為愛，攜手共組家庭、共度人生，是家庭中最核心的角色，也是人生中最長遠、最親密的關係。都說「千里姻緣一線牽」，又說「少年夫妻老來伴」，每一對夫妻結婚的時候都是「神仙眷侶」、「天作之合」、「佳偶天成」，都是喜氣洋洋受到祝福的，但經過生活中點點滴滴的考驗、張羅柴米油鹽醬醋茶的壓力、孩子的教育問題、父母的起居照顧、工作上的競爭、大大小小的意外等等，隨著時間增加，有人的婚姻存摺日漸豐盈，有的卻透支破產。

夫妻就是婚姻合夥人，婚姻會成為雙方的資產或是負債，端看彼此如何經營。每一對夫妻都有別於他人、與眾不同的特性，我認為夫妻之間，尊重和信任是首要基礎，坊間談論夫妻相處之道的書籍很多，分析男女心理的議題更是廣泛，在此我特別想分享幾個重點：

1. 包容另一半：

戀愛期間彼此都是在對方面前展現自己最完美的一面，婚後很可能因為放鬆了警惕，把自己的真實的生活狀態完全暴露在對方面前。既然選擇了兩人一同相處，就要接納對方的缺點，及時調整夫妻的相處模式。但如果對方有暴力傾向，千萬不要一昧包容，沒有什麼比保護自己的安全更重要！

2. 尊重對方隱私和生活習慣：

結婚不意味著對方是你的私人財產。過去的他（她）成就了現在的他（她），兩人一起生活，是希望現在的美好延

續到將來的美好，多關注雙方的未來，不需要一直窮究對方以前的事。

雙方的生活習慣磨合是很大的一個問題。很多原本和諧的情侶因為婚後生活習慣總也不能協調，最後分道揚鑣。因此要學會遷就對方的生活習慣，彼此各退一步。如果太太不習慣熬夜，先生就不要要求太太陪看午夜場影集，如果太太早起很困難，先生也可以負擔準備早餐的工作。

3. 找出適合彼此的溝通模式：

如同我自己的例子，我是需要用大白話溝通的人，但如果我用相同的方式對待太太，卻會收到反效果，點到為止就可以，說太白反而傷感情。在磨合的過程中，不斷循環「觀察」、「傾聽」和「修正」三部曲，找出最佳模式，確保彼此間溝通無礙。

4. 增添生活情趣：

偶爾向對方撒撒嬌，送一點小禮物，安排一次特別的約會，多留意對方的需要，創造一個專屬兩人的活動等等，這些都會讓婚姻生活加分，增添幸福感。

5. 別成為對方的保姆：

兩人之間除了是生活上的伴侶，還希望能夠是靈魂上的伴侶。現在雙薪家庭居多，雙方都很忙碌，要互相體貼照顧，而不是一昧的依賴對方，家務應一起分攤。

6. 給彼此適度的自由：

兩個人的關係就像橡皮筋，雖然有彈性，但拉得太緊還是會繃斷。千萬不要像管家婆管家公一樣，管東管西什麼都管，不要在另一半和朋友聚會的時候來個奪命連環 call。給彼此適度的自由，婚姻生活很重要，但每個人都需要一個只屬於自己的空間和社交活動。當然，獲得自由的前提還是建立在尊重和信任之上，因此我特別強調尊重和信任的重要，那是一切良好關係的基石。

7. 關心對方的父母親友：

要知道沒有她（他）的父母，就沒有你的另一半。沒有那些親友伴隨成長，也不會成就今天你愛的那個（她）。他們相識的時間比你們之間還要早，所謂愛屋及烏，這絕對是對另一半愛的表現喔。

另外，沒結婚、沒小孩或離婚並不代表人生不成功或不幸福，而是願意對自己的生活負責任，創造屬於自己幸福的生活，這也是成功人生。

結語

家庭經營很重要，事實上，正常的家庭生活，應該要遠比你和某家企業的關係要長久，另一方面，家庭經營又不像企業經營那樣千頭萬緒，家庭經營，千言萬語，化成兩個字的話，就是「用心」。若再簡化成一個字，那就是「愛」。

家庭學習這件事是孤獨的，不像其它領域的學習，在大學裡的學習可以化為文憑，在工作場合上的學習可以化為業

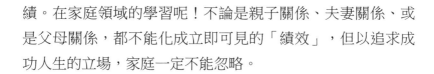

績。在家庭領域的學習呢！不論是親子關係、夫妻關係、或是父母關係，都不能化成立即可見的「績效」，但以追求成功人生的立場，家庭一定不能忽略。

最後，我再提醒幾件和家庭相關的重要概念：

◎ 要獲得夫妻間或與孩子間的信任，不是親和力而已，要用心。

舉例來說，孩子會說謊，那你就應該「用心」去探究背後的原因是什麼。

因為不同的原因背後有不同的形成問題，好比說，有的人說謊，因為他說實話會被爸爸打，久而久之，他以後就不跟爸爸分享真實的人生了。有的人說謊，是因為覺得說什麼都沒差，反正爸爸也不會留意，說實話搞不好要解釋半天，挑個容易說明的謊話來說還比較簡單。每一個說謊的理由，都和你的一項家庭問題有關，若不提早處理，長期就會破壞家庭和諧。

◎誠實不一定是對的。不說謊的反面，是說好話，說對雙方有幫助的話。

剛剛說不能說謊，但有時候又需要說謊，彼時不是道德的問題，而是相處的藝術。例如：妻子照鏡子，說覺得最近變憔悴了，變醜了，你難道要說：「對啊！妳看起來越來越

像黃臉婆了。」這樣說對家庭關係有好處嗎？事實上妻子只是想得到你的關懷和注意。再比如說，孩子考試考不好，有時候需要適當的責罵，但多半時候孩子有努力，只是一時考壞了，彼時你一定要安慰他，告訴他，他是很聰明的，這樣反而下次他會考更好。

◎家庭問題常出在財富，一是入不敷出，一是誰來管錢。沒有對錯，就是溝通。

回歸到根本，溝通的前提就是信任。許多家庭以吵架離婚收場，害得孩子不能有健康的家庭環境，成人要追求成功人生也因此有缺憾，許多家庭裂縫的根源，就在於「錢」，雖說「貧賤夫妻百事哀」，但這世上多的是夫妻一起奮鬥打拼，最後有一番成就的故事。問問現在名列百大企業的公司，有許多創業伊始也是生活克難，甚至一貧如洗，最後夫妻同心，互相體諒，打造出成功事業，也打造出成功家庭。

根本問題還是信任。為了預防金錢處理不一致衍生出家庭問題，奉勸每一對夫妻，彼此信任，平常就把家庭財務開誠佈公，設定目標，齊心守護。

關於種種家庭中的關係，我要說的最後一點建議，就是「不要一直想改變對方，經常要做的是改變自己。」包括我前面講的，與孩子間的互動，與父母間的互動，夫妻間的互動，如果你許多事情都在批評或怪罪對方，怪罪孩子不唸書，怪罪父母嘮叨，怪罪妻子不體諒等等，除了增加家庭不和外，對人生一點幫助都沒有。反求諸己，真正用心對待。

錢瑀萱

築夢大師第五號

用愛打造成功的人際版圖

瑀萱立志成為職涯規劃師

從事學生或社會人士個人發展之職涯規劃與親子溝通教育並協助找尋適合之留學移民之國家及學校，透過學習、溝通、行銷自我能力成長外也能融入當地文化及與眾不同活出自我。挑戰自我，超越目標。

座右銘：讀萬卷書，也要行萬里路。

▌現任

勤智企管顧問有限公司／職涯諮詢顧問
中華民國大專生涯發展協會／理事
中華兩岸講師智庫／認證講師
第八屆中國企業教育專業十佳培訓師／高效溝通專業

▌證照

內政部移民留學顧問證照(臺灣首批通過)
內政部勞委會企業講師證書
美國職涯規劃師與顧問課程
相聲社團(1992年曾到北京上海廣州等城市交流表演)
讀書會創辦人之一

▌服務邀約

電話：0931-799049
E-mail:chienagnes1965@gmail.com

帶著笑意盈盈，我總是欣喜的面對身邊週遭的人群。

從很早以前開始，我的工作就是不斷的接觸各式各樣的人，當我做業務工作時，我天天見到的是客戶和廠商；當我做移民接洽時，接觸的是來自臺灣不同背景的家庭，以及海外的客人。我接觸老百姓也接觸公家機關。他們有男有女，有老有少，有本國人也有外國人。現在，擔任企管顧問的我，常常要穿梭在不同的企業，我要和許多公司高層管理幹部溝通，我也要面對各個部門的基層員工。大部份時間，我還在教會裡協助輔導青年，經常面對失意茫然的年輕男女，也碰到許多天真浪漫的學生朋友。

我很高興上天讓我有機會和那麼多的人接觸結緣，在有限的時間裡，我有機會分享到那麼多人的世界，那麼多朋友的觀點。這對我來說是幸運的體驗。

我喜歡這樣的工作，我喜歡認識這麼多的朋友，今天我也和你分享我的人際關係學，以及人生的快樂學。

課堂一：用心投入學習，耐心分享人際

了解人際關係這件事……

1983年7月2日那年夏天，讓瑪萱看到了人際關係如何讓父親從一位掌管南區的經理，差一點變成無業遊民並中風住

院中，如何保住職位。

　　1988年12月30日凌晨，父親過世讓瑀萱更深刻體悟，父親良好的人際關係，看到昔日軍中好友，如何出力安排大部份出殯事宜，送好朋友最後一程。

　　1989年10月9日下午17：35分，我突然大叫，接著聽到機車衝撞的巨大聲響　wow wow wow　我出車禍了！當下左半邊的臉疼痛不已，經過一連串檢查，在光輝的10月10日我被送進手術房，醫生告訴我：「妳的脾臟破裂了！內出血嚴重！要立即切除，不然會沒命。」住院的近一個月，初次體驗到何謂瑀萱的個人人際關係。

　　工作的第六年夏天，我被主管給賣了還幫她數……她請我幫她做許多事，帶她去許多地方，後來才知道她私下接了許多案件，我差一點被當成共犯，還好老闆明理，當身邊的同事與英文老師都把證據拿給我看了，我難過呀！為什麼做人如此的難！但是我還是堅持每天下班送她去火車站坐車，五年來幾乎沒有間斷。

　　工作第九年，有朋友跟瑀萱說：「我想創業借一點錢給我好嗎？當錢借給他之後，才間接知道，他拿這些錢到泰國與內地各住了幾年吃吃喝喝，問他何時可以還錢？回了一句話:「要錢沒有要命一條。」

　　在傳統製造業工作時，公司老臣擔心工作不保，每天找不同的麻煩，最後告訴總經理與董事長，瑀萱每天都沒事做，讓他們開除我，總經理告訴我：「你被開除了！」我問為什麼？最後說服總經理，讓我繼續留下為公司效力，提出證明自己價值的有力資訊，這次的事件了解到在傳統製造業

既要會做人才能更容易做事。

瑀萱一路走來也是跌跌撞撞的真實體驗。

我是個興趣很廣泛的人，過往從事的工作領域也很多樣，在國際貿易領域、企管諮詢領域、英文翻譯領域、移民專業領域、勵志演講領域、人際關係輔導領域等等，都建立起一定的名聲。這麼多的經驗，一方面讓我學習到很多，一方面也真的讓我認識很多的人。時常有朋友問我，怎麼樣才可以學會那麼多東西，接觸那麼多領域？

我都是告訴他們：「立定目標，努力去做，相關的資訊就會主動吸引過來。」

聽起來很玄，但這是真的。當我們設定好一個目標，並且「用心」去追求那個目標，那整個宇宙就會彷彿感受到你的號召般，把和那個目標相關的資源導入給你。你會認識那個領域的人，你會看到屬於那個領域世界的一切資源。

但前提是，你真的要投入，不要只是三分鐘熱度。人生很重要的一件事，就是堅持。你看這世界很多的偉人，他們做的事，你其實也可以做到，重點是你有沒有堅持，你有沒有那個熱誠，真的全心投入那個目標。只有當你全心投入的時候，宇宙才會感應到你的積極，如果連你都無可無不可的，那你最終的學習也就會無可無不可的，半瓶醋沒充足內涵，甚至無疾而終。

以我來說，我的學歷其實並不高，我在每個領域的成就，都是我用心投入學習而來的。英文，學來的；業務，學來的；管理，學來的；各個人生學問，都是用心學來的。

當你用心投入，就會吸引很多人來接近你，他們會和你分享新的知識，而你也就認識了新的朋友。

我在學習上總是抱著謙虛及感恩的心境。真的，我很謝謝生命中可以碰到那麼特別的人，是他們讓我的學習過程那麼豐富。但我也知道，這世上有各式各樣的人，每個人有不同的個性，認識越多的人，你就越懂得以不同的角度來看世界。可以說，是人的互動，構成我們多樣的人生。

而在互動的過程中，最需要的，是耐心。

像我現在經常輔導學生，我每天要耐心的去傾聽他們的心聲，你要靜下來，排開自我設定的主見，才能真正融入對方的內心需求，看出他們的訴求。在我擔任不同行業的職務時，我也遵守耐心的原則，很多原理都是一樣的。做貿易時，你要好好的去聽客戶的需求，真的了解他要的品項規格，一開頭就搞清楚，就不會有後來的糾紛。在做移民仲介時，更要耐心做好溝通，協調國外以及本國的需求，耐心是打造長遠發展的基石。

每天我們每個人都會碰到很多的人，有朋友有家人，但也有客戶同事廠商乃至於路人甲乙丙等，人人內心都有很多話想說，但有沒有留點空間去聽人家怎麼說。如何做好耐心傾聽，以及深入關心，是人際成功也是人生學習的基礎關鍵。

課堂二：做好自己本份，認真踏實成長

在我現在經常輔導的案例中，最常出現的不外乎兩種情況，一種就是感情糾紛，一種就是工作場域的困擾。男女間的感情，雖說是家務事，但實際上就是兩個人之間的「人際關係」。辦公室的事，講到後來，多半也都是人際關係間的事，不論是和老闆不合，和上司不愉快，和同事間有什麼爭執，都屬於人際的問題。你會發現，搞好人際問題，你的人生就會朝更成功邁進。

但若問我，人際關係有什麼標準答案，那答案是，並沒有標準答案。

你不可能討好所有的人，這世界上有多少的人就會有多少種個性，適用於A的模式，可能就不適用B。沒有所謂與人溝通的標準定理，只有對自己要求的基本理念。然後由自己出發，來面對不同的人。

五大心態觀念的建立：
- **重要的人生課題**
- **積極的充實自我**
- **務實的思考規劃**
- **自信的面對考驗**
- **負責的自主抉擇**

　　經常我輔導不同的學生或上班族，我都會要他們先說出自己的問題，自己的看法。很多時候，說話也是一種思考，當他們一邊跟我說話，我在專心傾聽時，他們時常也一邊就理出一種頭緒。每個案例都是個別的案例，沒有共通點，我都在聽他們自己說完，也自己釐清思緒後，再引導他們去想怎麼處理人際關係。

　　有的年輕人問我，在一家公司要如何做最好，一方面要討好老闆，表現得讓人滿意，一方面卻又要擔心，同事眼紅覺得你太愛現，或主管搶你的功勞，甚或讓你背黑鍋。

　　我只能說，每家公司有不同的狀況，沒有什麼公式可以套用到讓你可以使所有人滿意。但我覺得有兩件基本的要領：

第一、在團體中，不要故意太突顯，但也一定要讓人看到。

　　就是說，你有能力就真的表現出來，不要刻意以炫耀的方式，但也絕不用隱藏實力。就是用心把你的能力專長做出來，放在工作領域上，把事情做到最好。

　　我們花了好幾年讀書學習，接受教育，就是希望學以致用。做人要謙虛，但也不要吝於把自己最好的一面表現出來，這才是負責的態度。

第二、認真做事。日久見人心，你的好處終究會被肯定的。

　　有人問我，他很認真做事，但在老闆眼中，搞不好那些很會做表面工夫的才會獲得青睞，那些人可能平常摸魚打

混，但當老闆出現時又很懂得裝出很忙的樣子。另外，也擔心你花心思做出來的東西，結果功勞被頂頭上司搶走。你只是幕後不知名的小螺絲釘。

那我要說的是，我們做事還是要認真去做，不要被外界影響，我深信，如果你是人才，老闆及身邊的人都不是傻子，一定看得出來，所有的裝模做樣，惡意搶功，都只是暫時的，真正的實力還是在你身上。你因此學到的東西不會減損，你的能力因為你的付出，會不斷提昇。

話說回來，如果你的能力一直被埋沒，老闆就是一直被其他人蒙蔽，那相信視野如此狹窄的公司也不會是好公司，實力依舊保存在你身上，你離開也會跟著你，不會有損失的。

▍課堂三：笑意接待，誠意溝通

在職場上，不論你是擔任主管還是一般員工，一定會碰到人的問題，以主管來說，會碰到工作分配，以及不同的員工對事情處理方法錯誤，而必須做出的指導。以一般員工來說，不管是負責什麼業務，難免還是會有需要和其它部門協調，或者和自己同部門同事間溝通的事。溝通和協調，會是不斷的出現在生活上的事。

而在人生中很重要的一門學問：時間管理。就和這些溝通協調有關。

　　試想，每個人一天時間都是二十四小時，每個人都有很多事要做。如果事必躬親，就算把自己累死，也不能好好圓滿每件事。此時就要透過管理，將事情以分工的方式完成，透過協調，讓不同的人可以排定不同公務的優先順序。透過溝通，讓不同意見的人的岐見可以化解，最後的目的還是要讓每件事順利的完成。

　　在溝通的時候，就能顯現出你平日的修練了。若你在平常就與人為善，願意耐心傾聽，分享同事的想法，那當你在做溝通時，對方也較易信服你，讓你溝通變得平順。而如果你平常對你的工作很認真負責，做出來的事有一定的品質，那當你和別人溝通時，也會更有自信，且別人尊敬你的工作態度，進而也更願意與你溝通。

　　在溝通以及各種人際交流時，很重要的兩個原則：

第一、你要保持笑容。

　　就算你有個人情緒上的不如意，也不要把情緒帶到無辜的他者身上，展現笑容，也展開你的平順人際。

第二、你要待人以誠。

　　雖然誠這個東西很抽象，無形無影，但一個人若心中只想著算計別人，只想著敷衍別人，對方還是多多少少會感應到。當交流的一方沒有誠意，那溝通結果也會大打折扣。

　　我覺得當你保持著以上兩個原則，在生活上你也會變得更有吸引力。當你總是以親切的笑容去面對別人，當你總是誠心誠意的與人交往，你將散發出一種友誼的魅力，這無關口才好壞，也無關你的外表美醜。當以笑容與真誠構築出這樣的你，你也將擁有強力的人際磁場。

　　你自然而然可以拓展你的人脈，你自然而然逐步發展你多元的人際圈。

▋課堂四：建立風格，擁有自己的人際圈

人際關係五個步驟：

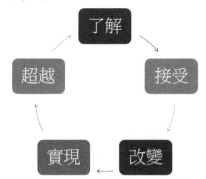

　　有人問我，我的人際那麼的廣，對人又那麼的好。那大家都來找我，我光應付不同的人就夠了，哪有自己的時間？

　　其實我要說，我們所謂人際，也不是要做所謂萬人迷，真正的境界，是與大家交好，散發群眾的魅力，但不代表著你要和每個人都做人際。舉個例子來說，一個好的政治人物，例如假定是總統或某某高票當選的立委，當他走在人群

裡發表他的政見，現場的人，人人都認識他，也願意專心聽他講話，但你問他，他認識現場的每個人？不但不認識，甚至可能現場中百分之九十九的人他都不認識。但這卻不影響他的人際魅力。

　　回歸到我們每個人，我認為，我們第一，就是要做好我們自己，要建立自己的品牌，這是與人溝通的基本，若這樣的你變來變去，今天聽甲說你要溫柔點，你就變溫柔，明天聽乙說你要強悍點，你就強悍。那你已失去你自己，連做為交流的主體都不見了，那談什麼人際關係。

　　所以我們首先要做好自己，我們千萬不要純粹為了討好別人而改變自己，也不用因為介意別人的眼光而內心不安。以我來說，我本身到現在還沒結婚，理所當然地我曾經承受過家中長輩以及親友們很大的壓力，我若是因為這樣的壓力而後來去結婚了，那我可能表面上滿足了那些人的好奇，封住了他們批評的嘴。但我必須用自己一生的幸福做代價。這樣值得嗎？

　　而講到人際，第二步，我們還是會區分各種不同的朋友，在生活中，第一重要的絕對還是自己的家人，然後接著是知己好友，再後來是一般朋友，以及不同領域的，有的是共同學習的朋友，有的是工作上的夥伴。這樣的朋友分級，並沒有一個明確的限制，但心中自會有一條分際，我們對家人好友會付出多一點關心，在生活週遭不同場域的朋友，則在相處時用心對待，隨著時間發展，也許因為理念契合，也許因為感情吸引，會發展成更密切的關係，但不論如何，都隨遇而安，順其自然。至於面對眾多的人際網絡，諸如每天

輔導的學生，或許只要一個親切的笑容答禮，就達到一種雙方心靈的喜悅。這些都不用刻意，不要擔心今天你不理誰，誰會誤會你不理他們，當你以誠以待人，就能自然悠遊於不同的人際網絡，也不會有所謂的因為朋友太多，而把時間都花在應付朋友這樣的問題。

而談到朋友，就會提到一個很重要的問題。有人說，你是個怎樣的人，就看你的朋友圈就知道了。畢竟，物以類聚這樣的哲理，在現實生活是的的確確存在的。當你總是正面樂觀開朗，積極認真學習，久而久之，你身邊也都是這類的人。而以追求成功學的人來說，當你想當一個成功的企業家，那你應該要經常去和創業有成，積極建構的人生交流。如果你口中說著想要成功立業，但每天還是跟一群整天愛八卦愛抱怨的人鬼混，那你能有多少成就，就可見一斑。

其實，你可以現在分析，你目前交往的人際圈，是經常吃吃喝喝的酒肉朋友為主，還是以專業興趣、正向人生思維為主的朋友為主。

反省你的人際圈，也是在反省你是否走在成功之路。

▎課堂五：人際關係圈就是你的學習圈

人際關係的五心：

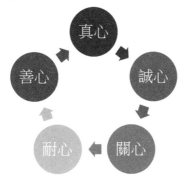

真心

誠心

善心

關心

耐心

　　我是個很喜歡學習的人，我本身也熱愛閱讀，喜歡聽各種的講座。但也許有人會問，我是個以人際關係為主力工作內容的人，我要接觸那麼多的人，應該沒空去學習吧！

　　其實正好相反，我接觸了越多的人，我學習的越多，基本上，每個人都是一本珍貴的書，我有這個榮幸可以見到不同的人，正是我的幸福。

　　在我的人際學習中，我是真正的發現學無止盡。一個不愛與人交流的人，很容易就將自己封閉在個人的思維框框裡，這是另一種形式的坐井觀天，特別是有些人，本身有閱讀的好習慣，會誤以為，他博覽群書，學富五車，認為自己見識廣博。殊不知，當你純粹閱讀而不輔以人際交流，那儘管看了許多書，卻仍是以「自己的觀點」看書，人的腦子本就有一種習慣，在看書或吸收資訊時，會選擇「自己想看的」，一旦內心有偏見，在閱讀時也只會吸收那些可以加強

己見的論證。久而久之，反而格局更窄。所謂書呆子，就是指這樣的人。

唯有與不同的人交流，心才能獲得「活水」。我一直認為談話真的是一種學習的過程，一方面，透過交談，你可以知道，原來還可以用這樣角度來想事情喔！就算大家講的想法是一樣的，你也可以知道，原來這個想法是眾人的共識。另一方面，透過交談，其實你也在釐清你自己的思緒，所謂講話，就是把腦子裡想的東西「有系統」的表達出來，當你在做這樣動作時，你也一定會做自我思考。一個經常與人溝通交流的人，其實也在鍛鍊腦力。對我來說，我以學習的態度真誠地去面對每一次交流，真心投入，也真的能得到學習的樂趣。

我也很喜歡去學習不同領域的課程，聽不同的演講。例如我之前突然去學插花，我的家人都很訝異的看我，可能覺得我和插花八竿子扯不在一起。但我還是去學了，並且不學則已，一學就認真投入，直到拿到段數為止。

這中間，我本人的學習熱誠當然是主因，但還有一個因素，那就是我喜歡透過參與不同課程，認識不同領域的人。你會發現，真的，每種領域的人思維都不同，當不同觀點相互激盪，那真的是人生樂事。

你會想知道賽車選手都在想些什麼嗎？劍道社的人呢？或者，原住民朋友平常在想什麼，他們的觀點肯定和漢人的思維不同。還有，外國人的想法呢？外勞的想法呢？喜歡參與同志大遊行的人，喜歡玩刺青還去參加比賽的人，喜歡玩遙控飛機的人，喜歡熬夜拼圖樂此不疲的人，喜歡收集古早

年代紀念品的人……這世界有太多的族群，太多的興趣嗜好娛樂專長，每個領域都是一門學問，他們絕對有不同你日常思維模式的觀點。當你把人際圈擴大，你的世界也將變得更寬廣。

▌課堂六：專業知識，是一切事業的基本

在我們不斷的談人際時，有一個大家最密切參與，卻也時常最忽略的人際領域，其實就是家庭。

就連我也不例外，很多時候，在家庭這一塊，會疏忽了。

有句話說，愛得越大，傷害得也越大。因為太熟了，所以反而忽略了。當心中想著，反正大家是「自己人」。反而就把自己人擺在最後面。當你在外面面對客人面對同事，會禮貌的問好，笑臉相迎。反而是回到家，對家人愛理不理，當父母跟你講話時，你嫌嘮叨，和他們講話沒大沒小的，甚至連正眼都不看他們一下。當夜晚回家，家人親切問候你，你卻說，累了一天，不要來煩我。

許多時候，在別人面前為了自己的社會形象，不敢亂說的話，在家裡卻可以不經大腦似的，就直接說出口，對家人發洩負面情緒，甚至說出三字經。經常地，話一說出口，感到這樣不對，但又礙於「面子」，不好表達抱歉，於是很多在社交場合風光體面的人，在家裡卻有著很灰黯的氣氛，

和家人的關係，還比不上自己在路上和陌生的推銷人員的關係。

今天起，不要再以愛的名義，讓家人淪為情緒宣洩的代罪羔羊了。比起那些身邊的各種朋友，真正會陪你走更遠的路的人，還是自己的家人。這裡的家人，包含妻子、子女，也包含自己的父母、兄弟姐妹。許多的夫妻吵架，最根本的原因，就是彼此太熟了，熟到說，不只不用客套，甚至也不用禮貌。不只不用禮貌，甚至也不用尊重，反正你是我的內人，我自己人，心情不爽，我也不用對你客氣。

這是許多現代社會，悲傷家庭的根源。一種是負面的爭吵，另一種是冰冷的對待，也就是夫妻間不再溝通，視彼此為漸行漸遠的對象。於是，也許一個人在社會上的形象是成功的老闆、大企業家、青年人的楷模，但當連自己的家庭都沒經營好，就算所謂世俗形象的商場人際關係很吃得開，他的人生能算成功嗎？

家庭，是很重要的，但很多在談人際關係學的時候，卻漏了這一塊。就像少了港灣的船，就算行遍五湖四海，滿載寶物，沒有家可以歸，有何意義呢？

▍課堂七：善用資源，但不要只利己也要讓利

前面提到家庭交流時有提到，有時候即便發現自己錯了，卻因為不好意思，沒那個習慣和爸媽說道歉，而無法表

達歉意，只能心中無奈、焦慮、著急，最後也只能期待父母「懂你」，了解你沒有惡意。

　　其實這種情形不只發生在家裡，時常也發生在校園，發生在辦公室。很奇怪，現代人當情緒來的時候，可以大聲的罵人，發洩情緒，脫口說出一些自己事後想想都臉紅的話。但當反過來，只是要你禮貌的說抱歉，或和言悅色的說，剛剛是我不對，我其實沒那個意思的時候。很多人就又「不好意思」了。

　　在個性無法改的情況下，有一個方法可以建議。在我家也常用這種方法。可能是因為中國人傳統的觀念，家人間特別是和長輩不會講太溫情的話，感覺上好像文藝電影的對白，心中想對爸媽講，但就是說不出口。那，我家常用的方法，就是用寫的，當你不好意思開口，用寫的總可以吧！寫句對不起，剛剛我太衝動了，放在爸媽的房間桌上，不用見面，就可表達心意。

　　甚至，我們家還鼓勵很多情況用寫的，例如碰到對一件事雙方意見不同，再爭下去只會氣氛更不好時，雙方就會靜下來，先不要談。然後把想法用筆寫下來。事實上，很多時候，邊寫就會邊想到，的確，我原先想法也有不週延的地方，對方的某些想法也是對的。然後雙方溝通就更加進一步。

　　其實，用寫的比起用說的，就是多了一個步驟，但這個步驟很重要，那就是思考。我們在講話時，有所謂「不經大腦，脫口而出」。那，現在用寫的，總不能「不經大腦」了吧！

在職場在校園也可以如此，很多意見，兩造見面只是吵架，但寫出來，好好的條列明悉，再用委婉和緩的語氣(而非興師問罪的語氣)寫張紙條或傳 EMAIL 給對方。或者在衝突後，留張紙條給對方，說您其實是我很尊敬的人，我剛剛是一時氣不過才口不擇言，您大人有大量，請原諒 EQ 超低的我。

當然，基本的人際關係還是要靠談話。但很多情況，用寫的可以彌補談話上的不足。

快樂人三個快樂之道：

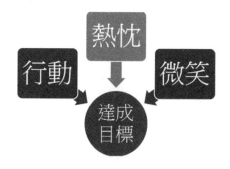

築夢大師第六號 **賴明玉**

人際關係的正面循環，
成功的分享家

　　「成功，不是你贏過多少人，而是幫助過多少人」這句座右銘是我加入分享家這領域的一份動力。從事服務業19年，過程浮載浮沉，面臨許多的挑戰——商圈的變化、門市經營的困境、服務人員的訓練及身為職業婦女的壓力。過程雖辛苦但是它是值得的！

　　因為19年的經歷讓我的人生從「一個豐富進階到另一個豐富」！

　　服務業是與人相處、建立人緣、拓展人脈最佳的平台。服務業更是訓練溝通、傾聽、表達及團隊精神最好的職場訓練。

　　明玉19年服務業的經驗，透過分享將「服務的經驗等等」協助各大企業做好職前訓練及幹部主管的溝通與表達。從事服務業是自我挑戰及自我學習成長，傾聽顧客的聲音進而體會訴說的背後，他期待的是什麼？

　　追求豐盈的生命、快樂服務「學」，是明玉樂於分享、樂於學習的人生目標！

▌課堂一：超越自我心中的態度

我想人生是一連串不斷的自我超越，沒有年齡限制，沒有設定框框。以現在的我來說，我是一家公司的負責人，我是巡迴全各地分享勵志的講師。但那是一直以來的我嗎？並不是。在五十歲前，我是統一超商的加盟店主，曾連續四年榮獲統一超商菁英100菁英獎，我是從事服務業的，和現在的角色並不一樣。那再往前推呢？我的人生又很有多階段。

基本上，我是個鄉下小孩，沒有顯赫的學歷，每個人生路程都是自己開拓出來的。當處在每一個階段時，外人看你，一定已經為你設定了一個框框，他們會說，鄉下出來缺乏高學歷的女孩，不會有什麼好發展的。更何況，從前的我，口才並不好，完全不能想像我上台演講的樣子。而當我離開經營多年的便利商店，說要重新創業時，外界也不看好。但，我還是用事實證明，人，是可以不斷超越的。

在和你分享我的成功哲學前，我想和您分享一種基本的人生態度，那就是「自我超越」。當人們為你設定一個框架，你可以設法去突破。但若你自己給自己設立框架，那就很難突破了。

所以，今天起，不論你想要在事業有所成功，想要在人際關係上有所成功，或想要在人生任何領域有所成功，那，第一件事，就是不要給自己設立框框。

人家說經濟不景氣，中高年齡生涯危機。我卻在年過五十歲後，仍決定做生涯轉換。我只是個平凡的女子，也

沒有家財萬貫出身，我的種種條件都不好，除了「相信自己」，我並沒有什麼優勢，但我後來終究走出一條路來。

今天，你比我年輕，你比我學歷高，你比我專業，你比我接觸更多現代化知識。你比我多了很多很多的優勢。

所以不要再給自己設立框框了，當你去掉內心的框框，你就踏出邁往成功的第一步。

▌課堂二：分享與信任，造就人際的根基

人際關係相處的學問很多，但在這裡要講的第一個基本心態，那就是「分享」。

在我過往的職涯裡，我經常會碰到貴人，在每個人生轉折突破的過程中，都有不同的人拉我一把。我很感謝生命中的每位貴人，但也是因為我在平常就能夠以分享的態度，認真去對待身邊的人。

我在中年轉業的時候，選擇職業的考量，也是先選可以「與人分享」的事業，因為在走過幾十年的生涯之後，感受到人與人間互相扶持價值之可貴，在步入中年後，我選擇的新事業，是要將這樣的感覺和更多人分享。所以我到處去演講，去跟更多的人溝通。

人際關係的第二個基本心態，就是信任與尊重。

以我的人生創業歷程來說，從當年我決定投入便利超商的事業，到中年後選擇現在的事業，每一個過程，我都得到家人充份的支持。但在那之前，我也都是開誠佈公地和家人分享我的夢想，分享我的心中藍圖，唯有當他們清楚明白我的誠意，才能真正的支持我，而不只是口頭上的支持。

當年我開店時，和家人許下承諾，給我一年的時間，讓我把這事業做起來，如果一年到了沒成功，我就放棄。家人相信我的承諾，也包容我在那一年裡，沒日沒夜的工作，以及對家人相對來說，比較疏於照顧的情況。

但我永遠記得，我的兒子，他那時還是學生，在我面臨人生抉擇時對我說：「媽媽，不要擔心，我和爸爸讓你靠，你努力去做沒關心，我們永遠都在這裡，若沒成功，我們會養你的。」就是這樣的支持，讓我感動到哭，然後放心投入我的創業。

所謂信任，一方面來自於你的生涯實踐，你的品德操守；一方面來自你的專業，以及人們對你實力的肯定。但還有一點很重要的，便是在人際關係中，你和朋友和同事乃至於和家人建立的情感。所有這些，都構成信任的支柱。

有信任，就有尊重。

得到信任，得到尊重，你在職場上就更可以發揮。更能夠創造新的境界。

所以人際關係，實際上可以為你創造一種正面循環的情境。而這些正面循環的養份、動能，就來自於你播種「分

「享」的種子，開出人際的花朵，得到信任的果實，推動成功人生不斷前進。

▎課堂三：將心比心的人際應用格局

人際關係有很多種。這社會上有很多書籍，例如厚黑學啦！觀人術啦！等等，教你怎樣去實施人際關係的「技巧」。

但我要說，所有的人際「技術」，最終仍比不上「用心」這兩個字。

在過往生涯中，我扮演過很多種角色，我也曾經是個員工，要學會如何和同事相處，如何達成老闆的指令；我也曾經是個老闆，擔任店長期間，我要統領我的底下不同個性的團隊。而現在，我是個分享者，每天在南北各地，在不同的環境背景中，要面對不同的人。

我想，一切還是從心態調整開始。

當我在經營便利商店時，連續得到四年的超商菁英獎。但經營便利商店當然不單靠我一個人，是整個團隊的努力，我一直要說，是大家和我共同打拼，才能成就一個個的榮耀。而我帶人的方式，就是真心地把他們都當成我的家人，

如果他們是我的家人，那這家便利商店當然就是我們的家，既然是為自己家庭打拼，那當然格外拼命認真，績效也就顯現出來了。一切的根源始於帶心。

我記得那時候，我很關心員工的心情，當發現某個員工和男朋友吵架，心情不好時，我不是罵她要她上班專心，而是先安慰她，並且要她這一天不要站櫃檯。這已經變成我們那時候的風格，誰心情不好就不要站櫃檯，包括我自己，有時候難免會有情緒不佳的日子，我就會告訴同仁，店長我今天不站櫃檯，同仁們也都會發出會心的一笑。就是這樣的感覺，大家一家人的感覺，笑的時候一起笑，哭的時候一起哭，業績怎會不好。

而在面對老闆或主管時，我們更要將心比心，真的「用心」去想，老闆交辦每個命令的用意。我舉一個故事，某天有位布行老闆，交待兩位夥計去調查某某布料現在的行情。甲夥計去街上晃晃就回來了，告訴老闆，某某布料現在一尺賣幾百元，這就是現在的行情。過了一會，乙夥計回來了，他的回答就不一樣了，他說，報告老闆，因為由都市帶回來的流行，現在時尚走的是復古風，因此某某布料未來預期會受到注目，現在這樣的趨勢已經出現，但市場價格尚未充份反應，我建議老闆，我們是否先預先購買囤貨，將來一定有利可圖。

讀者們，如果你是老闆，甲乙兩位夥計，你會重用誰呢？當然是乙夥計了。第一，不只聽「話的表面」，而是深入了解「話語背後的意思」。知道老闆交辦一個命令，當然不是只是表面上的要你看價格；第二，將心比心，老闆為什

麼想問這個，如果你是老闆，你會想知道什麼，這一分析，就知道，老闆除了想知道這種布的市場現況，還會想得到你的建議。

其實，不論處在職場的任何位置，將心比心，用心去探究話語背後的意思，都是人際關係成功的關鍵。

在一家公司裡，一群新進員工，起點都是一樣的，過了三個月半年的，就分出高下，有的步步高昇，開始擔任主管，有的連試用期都沒過關，就走路吃自己。同樣的接受老闆命令，不一樣的職涯格局。

人際關係用心的重要，你能抓住重點嗎？

▎課堂四：奧客是貴人，抱怨是成長的動力

現在是服務業掛帥的時代，我當年從事便利商店業時，便充份感受到和客戶互動時，將心比心的重要。

在我們那一行，以及很多服務業，不論是從事吃喝玩樂銷售商品或提供服務，從以前到現代都有一個專有名詞，用來「背地裡」稱呼客人，那個名詞叫作「奧客」。舉凡一個客人挑三撿四，只會批評不會真的掏錢，或者一個客人這也不滿意那也不滿意的，怎麼做他都不喜歡，或者一個客人老是要店家提供額外的服務，擺出有錢最大的嘴臉等等，這些都是奧客。簡單說，只要帶給店家「麻煩」的人就是奧客。

但，奧客真的是奧客嗎？不可否認地，這社會上各式各

樣的人都有，其中一定有某些人，真的很難侍候，甚至是存心刁難，例如以前報紙有報導搭飛機的旅客為難空姐等等。只是，其實，有很多奧客，並不是真的故意要為難店家的。

以我在經營便利商店擔任店長的經驗，我深深了解，每個抱怨，每個批評的後面，都代表著一件可以改善的事情。當客人罵說這東西怎麼味道差又貴，那不正是一種免費的市場分析嗎？可能很多客人都這麼想，只是絕大部份只是罵在心裡，懶得跟你講，現在有人願意跟你講，你謝謝他都來不及了，怎麼還說他是奧客？

我深深了解，看事情，聽事情，不要只看表面。

每一位生命中對你抱怨，甚至給你責罵的人，請不要再把他們當成是奧客了，他們其實正是改變你人生，提昇你人生的貴人。

在我的生涯發展中，正是許多這樣的貴人，成就我的進步，成就我的新格局。

今天起，在公司，當老闆罵你、當主管指責你時，想想背後的深意。當你的客戶對你表達不滿，對你發出不平之鳴，試著了解這代表企業要改善什麼。

乃至於在家裡，丈夫有對什麼事不高興，兒子對什麼事表達反感，都請你「用心」，聽出他們背後的意義。

當你可以將負面思維改成正面成功的動力之際，你的成功之路，就更向前邁進一步。

▌課堂五：人際關係，讓你不必窮忙也能成功

　　隨著一個人的事業越來越成功，得到越來越多人的肯定，忙碌是必然的。畢竟，那代表著越多人肯定你的能力，越多人需要你的幫助，越多人想要和你產生互動，也越多人要占據你的時間。

　　但問題出現了，人一天只有二十四小時，如果要充份反應每個人的需求，那時間肯定不夠，當時間不夠就會產生不公平，顧此失彼，那是否會失去一個人的被信任度呢？

　　再者，當我們追求成功的人生時，指的應該是一個均衡的人生，如果因為事業太忙，而必須犧牲家庭、健康，那就不能算是成功人生了。這樣的矛盾如何克服呢？

　　其實，所有以上的問題，總歸一句就是時間管理。而時間管理的一個很大正面助益，就是你的人際關係。

　　聽來好像是矛盾的，人際關係越好，不是應該更讓你「沒時間」嗎？怎麼反而說，人際關係好，對時間管理有助益呢？

　　必須說明，人際關係的經營，不能是表面功夫，而是如同我前面一直強調的，要「用心」對待。如果你的人際關係都是表面功夫，當然你的人生就很忙了，光為了做表面應酬，就可占掉你全部的時間。但如果是用心對待的人際關係，那透過人際可以幫到你兩件事，這也是我們做老闆的、做管理者的，必需知道的兩件事。

那就是「因人因事制宜」，以及「充份授權」。

世界上所有成功的領導者，不論是企業總裁或領導軍隊的大將軍，都懂得授權的道理，否則未來一定是自己先累死，然後團體走向敗亡。

透過你良好的人際關係，你真正認識你身邊同事朋友們的專長，在企業裡，做為主管，你將懂得將對的人放在對的位置。而在諸事紛忙中，你也一定要懂得分層負責，你只抓住大事項的幾個頭頭，每個頭頭分層去管理底下的員工，但都能依照你的理念，依照你交辦的決策辦理。

這樣，你怎麼會很忙呢？

另外，當談到信任時，有一個基本要素就是專業，你在授權時，被你授權的人除了信任你的決策你的判斷力外，也同時會信任你的專業。特別在和數字有關的領域，你在授權財務政策，授權業務計畫時，你自己本身一定要有基本的財務專業，也就是說，當財務經理拿不入流的帳務給你看，你不會被矇騙，當業務和你唬吹他的業績如何如何時，你可以抓出他的語病，指出數字上計算的不合實際。

信任植基於專業，信任也植基於平常的用心。

當你既專業又肯用心。那麼，透過授權，以及適當的人事物卡位，你就既可以拓展事業，又同時不影響你的均衡成

功人生。

▌課堂六：人脈不必是權謀，用真心牽動機緣

　　透過人際，你可以開創更多市場，所謂人脈人脈，這就是人脈。

　　其實交朋友是門學問，要區分點頭之交、交心朋友等等。交朋友不是考試，沒有對錯，也不能預先設定標準，如果你預先設定立場，那就不是真心交朋友了。好比說，你是為了某某人有雄厚財務背景，刻意去接近他，只要你沒有想害人，也不能說你錯，但只能說，這不是真心交朋友。亦或，在交際場合，你因某人是老闆的貴賓，你在他面前故意講很多口是心非的讚美語，這也不能說你錯，這只是社交禮貌，不是真正在交朋友。

　　所謂交朋友，多少帶點「機緣」的成份，當然也有刻意去結交，例如聽聞某某人在某方面很強，你很想去認識他和他學習，這樣到最後也是可以交到朋友。其看似刻意，其實追根究柢，還是一種機緣。你是因為某某原因，才會聽到這個人，又是因為某某場合你有這個動機想主動認識他等等。

　　機緣不能強求，朋友貴在交心。當你和不同的朋友相處久了，自然而然會分出，哪些可以深入交談，哪些可以生意上分享資訊，哪些就是認識點個頭，但過程中沒有惡意，沒有不敬。當將來合作時，也不是去「利用」別人，還是那

句話，交友是種機緣，生意上剛好某個專案、你的某個人脈可以和你互通，那是一種好事。當你平日用你的「樂於分享」、「專業受肯定」以及「誠信得到信任」等等特質，建立好你的人脈圈，一當有任何需求，就可以主動牽起不同的人脈網絡，讓事情更好推動。

課堂七：停的哲學，謀定而後動

前面一直談的是人際關係。這裡我要提到成功人生一個很重要的概念，那就是「停」的哲學。

這裡說的停，不是指「不動作」，而是指「思考後再動作」。

當老闆交辦一件事情給你，如同前面講的布行的例子，老闆的命令後面都有深意。你，一定要思考每個命令背後的意義。常聽我的老闆們和我談他們的員工，老闆會稱讚有的員工很靈活，可以舉一反三，可以交辦事情；有的員工卻是腦筋很鈍，反應慢半拍。

將心比心，企業的經營需要成本，當你是老闆時，你會重用舉一反三的員工，還是老是「凸鎚」的員工。當然是會重用比較靈巧的員工，而這所謂靈巧，很多時候不一定代表學歷比較高，也不一定代表IQ高很多；而比較可能是「用不用心」，肯不肯「停下來，多想一下」。

　　而這「停」的哲學，不只適用在上班族，更適用在企業老闆。

　　真正成功的領導人，一定也是對數字很敏感的人。可以透過來自四面八方的資訊，包括報紙上報導的國際趨勢，股票的動線，政府官員的發言，乃至於市場上客戶的動作頻仍，競爭者有什麼新舉動等等。

　　成功的領導者，不會將這些事當作視而不見的平常風景，而會在決斷前，停一下，用心思考每件事背後的意義，以及他們之間的關聯。當經過縝密思考後所下的判斷，不敢說百分百正確，畢竟，世界充滿突發的變數，但如同《孫子兵法》所說：「多算多勝」。

　　在從事各項工作時，每當發生問題，不要只會煩惱，在應變上，也不要以前人怎麼做，你就怎麼做。因為，同一件事，結果一樣，但原因可能不一樣。

　　好比說，這個月店裡的營業數字下降了。原因可能很多，而且每種差別很大。有可能是因為大環境變動了，店裡賣的東西過時了，這就牽涉到商品政策；但也可能是員工工作沒士氣，服務不積極，影響客人購物意願，這就牽涉到管理問題；甚至也有可能，根本就是有員工搞鬼，每月收銀櫃檯上做假，那這就牽涉到道德問題，乃至於法律問題了。

　　在不知道真正原因時，擅自做行動，只會讓問題更嚴重。

　　所以，在職場上，碰到決策場合，請「停一下思考」，有句話說：「休息是為了走更長遠的路，」這裡也是「停一下，是為了走更長遠的路」。

▎課堂八：有實力，路遙知馬力

也許有的人覺得我太美化世界了，覺得「用心」就可以改善人際關係。但他們覺得這社會其實是很黑暗的，到處聽到人害人的故事。

我只能說，這世界的確是不完美的，也的確常常有朋友害朋友，倒債誣陷搶功勞，職場派系鬥爭，對老闆逢迎諂媚，對下面頤指氣使，許許多多的職場惡形惡狀。

但，這些都不改我們做人的基本理念，我們與人交往還是要真心，在持續加強自己專業的情況下，善用人際關係。當你功力越強，也就越能識破身邊的黑暗面，可是若你自己因此同流合污，那到最後喪失人際信任感的還是你自己。

舉一個例子。我當年在擔任便利商店店長時，在參選加盟最佳店長資格時，有一個考試，要考什麼，我們當然都不會事先知道，有的店長事先猛 k 公司手冊法條等等，或記熟貨架商品上的價格。但結果，實際上考試，卻是考官出了一個狀況題，說假定現在店裡發生某某突發事故，請問店長應該如何應變。

像這種問題，是不可能之前看什麼書背什麼答案的，我因為平常很用心思考如何經營店面，也去關心店的種種狀況。當考官出題時，我雖然也愣了一下，但後來還是很快的提出我的想法，因為平常有做思考，考試時並不會很難。

最後如同各位所知，我得到經濟部加盟連鎖協會「傑出服務店長獎」。

▎課堂九：溝通訣竅分享

在課堂的最後，我再來分享幾個人際溝通的概念。

◎溝通是種漏斗，原本要說的意思是一百分，在傳達時只達到六十分，等到執行時只剩二十分。

相信很多人都看過甚至玩過這樣的遊戲，大家排排站，由領頭的人以交頭接耳的方式，將話語傳給他旁邊的人，那個人再傳給他旁邊的人，依此類推，一個傳一個，到最後排在隊尾的人，聽完話後，請他覆述話語的內容，結果往往與領頭的人原來的話語，天差地別。

在遊戲場合時，這是個笑話。可惜，在企業裡，這就不好笑了。一個錯誤的溝通，有可能帶給公司幾千萬的損失。

所以在溝通時，真的要確認，對方聽懂你的意思了。

◎說服人家，最重要的不是口才，是感動。

我本身有去上口才訓練班，協助及矯正我演講的缺失。但在我過往的人生裡，我知道口才好對業務推展有助益，可是絕不是全部。真正行銷的力量，從來都是來自內心，其次才是嘴巴。

所謂行銷，就是如何去感動人心的學問。有人說，服務業就是感動力的實踐，我非常認同。

◎ 做簡報前為何要 PPT，因為要整理自己的邏輯。

在企業裡做簡報是很必要的功課，不論是對客戶介紹公司的產品，和老闆報告自己的企畫案，乃至於公司旅遊要做整體說明，PPT 簡報都是必備的。但有沒有想過，其實 PPT 的設計，本身就是一種「思考」訓練，當你有 PPT 時，你就不會想到什麼就說什麼，而會依照一種「邏輯」，而這 PPT 就是你經過思考後的邏輯展現。

平日我們和人溝通，當然不用凡事都準備 PPT，但在心中，你應該有一個 PPT 藍圖。「想好了，再說」！

◎ 身為一個行銷人，要時常有故事題材。

不是用能言善道去說服，而是分享感動的事。人都是愛聽故事的，口才好，可以流暢的介紹商品當然很好，但客戶畢竟不是你們公司的人，不像你對商品那麼有感情，聽你一味的推銷，多少會厭煩。此時真正可以打動人心的是一個適當的故事，一個讓客戶心有戚戚焉的實例。

這樣的故事，這樣的實例，當然不會平空冒出來。

所以好的行銷人，口袋裡早就預留許多故事，可以隨時派上用場。

2

人際關係正面循環　成功從愛家開始

第 3 篇

音樂、藝術、氣功
身心健康是成功的基石

築夢大師第七號 彭智明

文武雙修的氣功大師

彭氏氣功創辦人彭智明,是彭祖第72代子孫,1970年跟隨其兄長彭智宏開始練功。1973年彭老師就讀建國中學時,即開始教導同學練功,隔年,他更成立霆斬社,1976年,與其兄長一同創立了霆斬門武館(智宏為掌門人,居幕後;智明任館長兼總教練),次年更因為媒體的報導而大紅一時;四、五年間,教過的學員有三千五百人,包括國民大會的老國代等。

台大法律系畢業後,彭老師任職英文記者,曾任世界三大通訊社駐台特派員,其中於彭博新聞社時期,榮任臺灣分社社長職務,2008年更因表現優異,被拔擢到香港,任職資深記者,負責亞洲區政治,社會新聞。2009年開始思考將英文寫作跟氣功兩項長處結合,閉關八個月後,終於完成第一本英文氣功書籍的草稿。

閉關期間,他也致力於將原本複雜的家傳武學予以簡化,能讓更多人學習。原來的武學每天要練習好幾個小時,彭老師已將它簡化成每天只要練功10-20分鐘,六週後就可以練成傳說中的鐵腹功。

彭老師強調,練習彭氏氣功,就是要快樂的練、智慧的練、不須苦練。練習彭氏氣功,更可以強化心力、念力,有助於事業成功。彭老師目前以小班教學及應邀到公司團體如扶輪社演講

Email address: jamespeng18@gmail.com

彭氏氣功FaceBook 粉絲專頁:www.facebook.com/pengqigong

　　每個人的時間有限，所以一般來說，一個人一生中要在一個領域裡發光發熱，成為頂尖人物，已經是很不錯的成就了。很少有人能同時在兩個以上截然不同的領域都成就非凡。

　　但彭智明老師卻是這樣的人，他在兩個剛好截然相反的領域，都有著全國公認頂尖的成就。這兩個領域，剛好是一文一武。

　　武的方面，最為人所熟知的，即彭智明老師是彭氏氣功創辦人，身為彭祖第72代子孫的他，1970年跟隨其兄長彭智宏開始練功，其祖先自中原遷居廣東再到臺灣。1973年彭智明就讀建國中學時，即開始教導同學練功，隔年，他更成立霆斬社，1976年，與其兄長一同創立了霆斬門武館（智宏為掌門人，居幕後；智明任館長兼總教練），次年更因為媒體的報導而大紅一時；四、五年間，教過的學員有三千五百人，包括國民大會的老國代等。

　　文的方面，彭智明老師從台大法律系畢業後，就任職英文記者，曾任世界三大通訊社（美聯道瓊社、路透社及彭博新聞）駐台特派員，2003年8月，在路透社時期，其中央銀行獨家新聞，造成全球歐元大跌，也導致彭博新聞的挖角。其中於彭博新聞社時期，榮任臺灣分社社長職務（2004-2008），曾二度專訪馬英九總統，他也是臺灣外籍記者俱樂部首位華人會長（2004 - 2006).

　　2007年3月，他專訪中央銀行彭淮南總裁，為彭總裁

任職九年來唯一的記者專訪。2007年5月，他主導彭博新聞「臺灣週」採訪，在一週內完成21個重要專訪，包括陳水扁總統、四位部長及16位大公司CEO，12位外籍編輯及主管從紐約、東京、香港和紐西蘭來台協助採訪。新聞局說，這是史上單一外籍媒體在台最大規模採訪。2008年更因表現優異，被拔擢到香港，任職資深記者，負責亞洲區政治、社會新聞。2009年開始思考將英文寫作跟氣功兩項長處結合，閉關八個月後，終於完成第一本英文氣功書籍的草稿。

今天就要請彭智明老師，為我們傳授他的成功人生哲學。

課堂一：人生要問的兩個問題

從事新聞工作多年，我本身在新聞這個領域，也算是國內做出一番成績的人。我本身不只擔任到彭博新聞的臺灣分社社長，也是目前唯一一位擔任過臺灣外籍記者俱樂部會長的臺灣人。

在做新聞工作的那幾年，我們知道所謂新聞的核心價值，其實和人生的基本價值是共通的。

當我們採訪新聞時，一定要問到兩個問題。

第一個問題是 Why？

　　當面對一個新聞事件，我們要去了解，整件新聞的背後原因，這才是專業的有深度的新聞。因為每個國際事件、社會事件，乃至於體育綜藝事件，其發生的原因，代表著事件背後深層的意義。例如，發生上街抗議遊行的事，焦點不應只是報導，有多少人遊行、有哪些政治人物參與，甚至警民衝突的血腥場面，而應該分析其背後訴求，以及到底是哪些施政沉痾帶來的民眾不滿。當發生車禍，重點不該只是描述傷者的慘狀，或者斥責肇事者，而是要問，這背後有沒有交通法規漏洞，有沒有道路施工不良，有沒有什麼作為可以讓這件悲劇，可以不會再發生的方法。

第二個問題是 What's Next.

　　每個新聞很少是單一事件，敏感度高的人，可以見微知著，預測未來發展。一般民眾也應培養從社會脈動中，抓出整體發展趨勢的敏銳度。例如，美國財政危機，接著會有哪些影響，會對臺灣的經濟造成什麼打擊，貨幣會昇還是貶。例如，政府公布二代健保，這件事對各個行業會有什麼衝擊，會不會連鎖效應影響到哪些生活層面等等。

　　唯有探討過 Why 與 What's Next 的新聞，才是有深度的新聞，其實人生也是如此。

　　我們人活著，不是過一天算一天，那叫做混日子。我們活著，要積極正面，要有活力，要知道 Why，要知道 What's Next。

　　一直以來，我在人生的各個範疇，不論事業、家庭、財

富、人際，我都會抓住這精神，引申成我的人生哲學。人生有關**Why**的問題，我的人生追求的是「自利利他」。我們活著，就是要追求利他的境界。

What's Next。

我的人生三要──心安、身定、道隆。

代表著人生三個支柱，而每部份都有從下品到上品的過程，那是不斷成長的過程。每件事的下個階段，就是追求自己更好，更成長。

▋課堂二：學習的根本，拓寬自己的格局

經常，人們會煩惱著很多的問題，煩惱工作壓力大，煩惱不知道人生方向，大家都在想，**What' s Next**，都在想下一步該做什麼。

其實我要跟大家分享一個概念，當你在想事情的時候，總是想到自己，那格局就會小，一個人格局小，成就就有限，然後你就會不斷的煩惱，下一步該怎麼辦，該如何面對競爭壓力等等。

但當我們把觀念改成「自利利他」，那視野就會寬廣，人生格局就會不一樣，問的問題也會不一樣。

我本身最大的兩個強項，一個是氣功，一個是英文。這

兩件事看起來似乎是風馬牛不相干，完全不同領域的事，但其實共有的特色，就是格局。

所謂氣功，其實是打開自己和大自然之間氣的界限。一個人的體力有限、一個人每次吐納的氣也有限。但這個世界卻充滿了無限量的氣，當你放開自己的身心，和大地融和，將大氣聯入自己的氣。不為自己設定框框，不過度自滿，把自己當成虛懷若谷的容器，此時充塞天地間的氣，自然可以流經你的全身，為你所用。不是你一己的力量，而是你散發天地間的力量。這是氣功，是一種先從局限於自身的小我中放開來，才可接通有著蘊涵寰宇力量的宇宙大度。

而英文，說穿了，就是一種國際間溝通的交流媒介，一般人碰到英文最大的阻礙，其實是無法擺脫自己舊有的思維，無法跳脫自己過往給自己設定的框框。當講英文時，總是不脫先將意思用中文思考，再將中文翻譯成英文，然後將這樣的英文再表達出來的過程，如此，當然思考緩慢，英文也很難講得流暢。只有當放寬自己內心，真正融入一個語言，「直接」用英文思考，不停的造句，才能把英文學好。

因此，氣功和英文，都是一種和格局相關的事。

推而及其它事也是一樣，如果我們每天的思考，就是小家子氣的去計較別人多拿了我們什麼，并底觀天的以封閉的格局想事情，那人生就很難跳到一個新的境界。

今天，不論你是要學氣功、學英文，或者學舞蹈、學理工、學音樂，相信其中很大的一個關鍵，就是放寬自己的格

局，把自己封閉的思維拓展成更高境界的「自利利他」。

人生的一切命題，皆是如此。

▌課堂三：站到101樓的高處，來綜觀人生大局

回顧過去，往往局限於小處，不知要退後一步，站到10樓，甚至101樓的高處，來縱觀全局，則自然不會見樹不見林，錯過了大方向。

在二十餘年的記者生涯中，尤其在三大通訊社期間，好的外國編輯常會要求記者，在寫稿時要退後一步，看看是否忽略了大局。我因此養成了一個習慣，在寫完初稿後散個步，倒杯茶或咖啡，再回來看看是否錯失了 "the big picture"，然後再發稿給編輯。人生也是如此，若不知要退後一步來縱觀全局，往往會鑽牛角尖，局限於小處而無法突破，脫出困局。

2009年，我退了一大步，花了近兩個月來思考我人生的大方向，下一步，因而決定要踏入我生涯的第三階段，希望能完成「自利利他」的願行。

生涯三階：

1. **武：** 1974 年，我就讀建中高二時創立霆斬社，高三時，家兄與我成立霆斬門武館，就讀台大法律系期間，教過

3,500人。

　　2. **文：** 後轉任英文記者，曾任世界三大通訊社特派員。

　　3. **文武合一：** 2009年開始思考將英文寫作跟氣功兩項長處結合，閉關八個月後，終於完成第一本英文氣功書籍的草稿。2010年6月起，我將高深武學轉化為簡單、易行的健身法，創辦彭氏氣功，以中英文教授氣功及應邀演講。

▌課堂四：終生學習與人生三要

　　當然，每個學問都有很多的技巧及心法等等。技能經常隨著你的格局放寬而更精進。但在最基礎的階段，無論是學什麼事，最重要的是還是專注。

　　在許多的演講場合，我總愛跟眾人分享，我的人生三要：心安、身定、道隆。

　　這是我從2010年起恢復教授氣功以來，對人生的體悟。

　　這三者的重要性有優先順序，心安為本、次為身定、道隆為末。心安道隆本是佛家用語，意思是說，人只要守五戒十善，自然衣食具足、道業興隆。我則斗膽的加入「身定」，強調經由修練氣功，不僅身體健康了，更能強化專注力、定力，在心安道隆之間，立下了一個強而有力的基礎。

　　以學習的角度來看，一切的根本就在心安。當我們先將

心安下來，才能接著讓整個人身安定，整個人身安定了，才能道業興隆。

我們在學習一件事，最根本的，切忌心浮氣躁，心不安定，學什麼都是沒成效的。所以我都要試著讓自己專心。一個專注一小時的學習，絕對比一整天心躁情況下的研讀，還能記住更多的東西。

我到現在，不論是在什麼時候，每天我都會留給自己二十分鐘，用來冥想，看看自己的內在，培養專注力。心安是一種境界，我思索快樂的根源，我追求智慧的根蒂。

在學習的道路上，心安，是一種自我探索的過程，是讓各種學習更上一層樓的根本。

▌課堂五：人生三要，要求均衡，分上下品

人生三要：心安、身定、道隆。人生三要，可以說是人生的三個領域，三個無時無刻都要加強的領域。

心安：指的是你的內心。

傳統上有句話說：「問你的良心安不安。」心安也可以適用在你的良心、良知。我認為若有虔誠的宗教信仰，大致就可心安了。

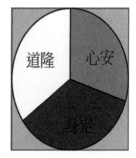

身定：在此指的主要就是你的健康。

身定是需要修鍊的，有形的方面，包含運動、維持良好的作息，但氣功則從養氣導入，從身心內部著手，讓身體更健康，更長壽。

道隆：簡單來說，可以說就是你的事業。

道隆當然是有境界的。一般人追求財富，想讓自己的家金庫滿滿，這是一種形式的道隆。有的人追求的則是如何對社會更有貢獻，他創立的是浃浃大氣的事業，這是另一種境界的道隆。

人的一生中，其實就是維持這三個領域的均衡。

許多人道隆做到了，他有自己的事業，有頭有臉，有權有錢，但身體差，沒有好的健康，誰來享受辛苦賺來的財富與功名？許多人，身體健康也事業興隆，但心不安，每天就是活得很空虛，找不出自己的人生方向，這樣的人行路茫茫，活得很痛苦。許多自殺的人，不是因為身體出問題，是因為心不安，心靈出了問題。這種人，尤其在臨終前的五到十年會很恐懼，因為他沒有宗教信仰，會害怕死亡。有些人心不安，甚至做虧心事，半夜睡不著覺的，這樣的人外表再怎麼光鮮體面，日子也是不快樂，甚至還比不上一個市井攤販，人家晚上還可以安心呼呼大睡，不像他們在惡夢中掙扎。

當然也有心安道隆兼具，而缺了身定的人。所以我鼓勵

人們，多調養身體，修習氣功，有強健的身體，才能讓事業更上層樓，進而追求心靈上的成就。

不論是心安、身定、道隆，其追求的過程，都可以分為上品下品等境界，所謂下品上品，只是境界的不同，但不是說下品就是不好，只是以境界來說，總要有一個從下到上的流向，那下品和上品就是相對的，從下可以往上發展，做為自我提昇的依歸。

以心安來說，下品是指一般人只要內心有虔誠的宗教信仰，通常也因而有較高的道德標準，遵守較高的道德規範，相信人不是只有這一生，相信因果關係，因而常做善事。心安是最最重要的，當一個人內心沒有價值依託，整個人就會懸在那邊，在平常可能沒影響，但遇到人生特殊狀況，就很容易會感到極度空虛。所謂的信仰，這裡雖然主要指的是各種宗教，包含佛教、基督教、回教等，都可以，只要教人為善都算。但其實其範圍也包含其它非一般宗教，例如有人信仰科學，有人信仰即時行樂，他們覺得人生吃喝玩樂最重要。重點在「信仰」兩個字，如果一個人內心對某個理念有個信仰，在發生人生狀況時，能夠從那個信仰中找到價值，那就有基本的心安。不過 我不認為信仰吃喝玩樂的，或相信人就只有這一生的人，可以真正達到心安。

心安的上品是指各宗教中已達聖賢境界，真正的內心安定的超級少數的修行人。

以身定來說，可以分成身定與身康。

其下品，就是只做到身康，但沒做到身定。

身康，就是追求身體健康，一般來說就是做運動。

什麼都不做，那就只有等著身體被日常生活操壞、損耗、早衰。

運動當然是好的。但，對我來說，身定的更高境界，還是要學習高效能的氣功，強化專注力、定力，我認為每天練功控制在二十分鐘內，練功時全神貫注在氣的運行及注意秘訣，可以有效提升專注力。

說到道隆，下品就是「自利」為主的階段，上品就是做到「自利利他」。

事業總是循序漸進的，我們也許無法要求大家一開始就都能做到「利他」，但一定要把這個當成一個事業的方向。其實，很多成功人士都知道，當你開始能為眾人著想時，反而事業會更有發展，金錢會進來更快。

那些能夠參與公益，為眾人謀福利的企業，通常也都是受到世人認可，也因此願意過去多消費他們產品的企業。因為他們賺到的不只是眼前的資金，而是長遠的商譽。

基本上，每個人的各個人生領域，不論是事業，是感情，還是人際關係。初始都只做到「守」的階段，在事業上，是先求自己可以生存，在人際上，是逐步建立關係。但一個人能否有更好的發展，就看你如何從「守」中拓展出來。

有的人一輩子都困在「守」裡，眼界窄，氣量小，整個

人生就是沒有格局。相對的，當人們願意走出來，用「自利利他」的心態，來拓展自己，那人生自然就會走出格局來。

人生三要，我認為要從身定切入，氣定神閒做到了，有助上求心安，下覓道隆。

希望大家都能在人生三要：「心安」、「身定」、「道隆」的領域，追求卓越，創造自己的快樂人生。

▌課堂六：練氣三法， 三大特色，三個管道

如何達到上品的身定，我認為每天練功控制在二十分鐘內，練功時全神貫注在氣的運行及注意秘訣，可以有效提升專注力，我因而精簡化氣功，將其歸納為三法：散氣、生氣、與聚氣。

練氣三法：散氣、生氣、聚氣。將所有氣功歸納為三種，簡化練氣過程。

「散氣」的原理就是當人有過多的廢氣聚集在身上的某一個部份時，容易造成身體上的各種不舒服，甚至演變成了一種病態。因此，這類的動作可以把這些廢氣，分散到全身各部份，減小廢氣對身體的威脅，還可以很容易將它排除到體外。

「生氣」大多數健身氣功如拍打、八段錦及天人鼓屬於

這類，練後可產生氣流，使氣血通暢。

「聚氣」就是聚集大量的氣，並運用來排除較為頑強的廢氣或轉為強大的防衛、攻擊能力。傳統的練法是「以意導氣」，除非有好的老師細心指導，否則容易走岔氣或走火入魔，彭氏氣功則首創有形氣的概念，結合心(意念)、地(骨骼)、水(血液)、火(暖能)、風(氣)等五大運氣時，全身器官、內臟合為一體，有如輪胎打氣般的有形。

彭氏氣功的三大特色：

1.「有形氣」：

一般氣功都是無形氣，但彭氏氣功卻是一種有形氣，一種可以讓別人感覺到存在的氣。那我們甚麼時候可以感覺到氣的存在呢？那就是當密度不同的時候會產生風，一邊密度大，另一邊密度小，就會產生氣體對流的作用，你就會感覺到風的存在、氣的存在。極端的密度不同時，就會產生颱風、龍捲風。彭氏氣功的有形氣跟一般不一樣的是，一般是「以意導氣」，是用觀想的。而彭氏氣功是結合人的五大，因為意念是「心大」，加上「地、水、火、風」，「地」就是固體的部份，也就是骨骼，「水」則是你的血液，「火」就是你的暖能，「風」就是你的氣，所以如果你能在運氣的時候，將各個器官都配合在一起，你就能讓身上的內臟完全受你的控制，同時變成威力強大的有形氣。

2.「精簡易行」：

每天只要10-20分鐘練習即足夠。沒有健康，如何享受生活呢？人們每天花至少八小時在管理財富，但每日為自己的健康盡了多少心力？許多人深知健康的重要，但苦於找不到精簡、易行的健身法。

3.「易學」：

強調快樂的練、智慧的練、不須苦練。因全神貫注於氣的運行及祕訣(想得通就練得成)，可強化專注力、心力，有助事業成功。

三個管道：

1.彭老師現在創新的用最新科技 app，來教授中國流傳數千年的氣功，此app自2012年7月27日上市後，已經在7/27、7/28連二日榮登 iPhone app〔健康與瘦身〕項目的榜首。

排毒充電秘法：彭氏氣功 大調息法 app, 請到 iPhone 的 App Store 上搜尋「彭氏氣功」。

*For [Peng's Qigong's Major Breathing Adjustment] English app for iPhone or iPad, just go to the Apple App Store and search for "peng qigong"，or go to https：//itunes.apple.com/app/pengs-qigongs-major-breathing/id563502793？mt=8

2.已成立彭氏氣功聯誼會，每月一次，可授階、聯誼，學習新知 (由同學輪流演講各自所長) 及複習、提問及分享心得 (來賓可藉此免費體驗練功感受)。

3.應邀到公司團體 (十人以上) 如扶輪社演講。

　　總結來說，人生三要，我認為要從身定切入，氣定神閒做到了，有助上求心安，下覓道隆。

築夢大師第八號 **陳 鈴**

追求健康的志業，無怨無悔

專長領域：

職場脊椎健康操、抗壓伸展操、尋找身體幸福感、職場的慣性傷害、代謝症候群之運動處方、減脂降三高宅即便、身心舒壓保健、健康存褶go、職場情緒管理、向酸痛說Bye-Bye、激發身體潛能&活力、對抗慢性疲勞症候群、體重管理&健康促進……等

‖ 資歷

大各區健康促進中心／健康管理 講師
視障協會／健康美姿美儀 講師
伊甸基金會／員工職業教育訓練 講師
慈濟醫院／健康體能檢測&運動處方師
各大專院校／健康儀態訓練 訓練講師
亞力山大／內部教育訓練 講師
現職國立體育大學／講師

‖ 曾授課單位

1. 中正、松山、萬華、大安、南港、健康促進中心（教授有關五十肩、脊椎）
2. 退化性關節炎、抗壓、抗衰老等運動保健&如何預防運動傷害
3. 伊甸基金會教育訓練、自閉症家長協會

4. 中華民國健美協會／證照 講師

5. 美國體適能協會／培訓講師、體委會／證照考核 委員

6. 銀髮族協會／運動保健 講師

7. 市警察總部、新店文山軍營基地

8. 宏恩醫院、扶輪、獅子、同濟

9. 育達職業技術學院、明德技術學院

10. 流行時尚藝術協會／美姿美儀 講師

11. 百花薈、青企社、青創會／節目主持＆節目秀導

12. 美姿美儀職業訓練、接待禮儀訓練

13. 健康兩點靈（錄過2集）、慈濟醫院醫療保健示範（電視）、健康好簡單（已錄六次單元／重複播出）

▎專業証照及得獎紀錄

1. 專業證照50幾張──國內健身業界的證照達人

2. 健康促進──講座達人

3. 全方位之運動保健經理人

4. 健康俱樂部ISO9001認證評鑑考核主管

5. 中華企業內訓講師證照

6. 得到「體適能界精英獎」

▎著作及譯著

《10分鐘皮拉提斯》、《居家DIY宅女瘦身計畫》、《樂活瑜珈》、《時尚瑜珈》、《夏日纖體瘦身》、《6分鐘伸展操》、《騷莎有氧》、《99式蛇腰美人》

▎即將成立

潘朵拉舞動學院／招募 師資培訓班

（星期二／星期三）早上9:30 和10:30

地址：市中正區林森北路5巷4號 1F

部落格：www.bodymaster.com.tw

Google 關鍵字：陳鈴

▌課堂一：立下目標，從一而終，沸水理論

同樣是肢體的運動，其發展可以變成很多不同的領域。

像被視為臺灣奮鬥典範之一的林懷民先生，他創立的雲門舞集，為臺灣的舞蹈寫下新的史頁。而如果說舞蹈是將藝術與肢體結合創造的美麗語言，那各類的體適能運動，便是將健康與肢體結合的生命活力。

在臺灣，最早將體適能這件事發展成一種知名「品牌」的，是早年的亞力山大健康休閒俱樂部，後來雖然發生了經營不善，財務及嚴重客訴糾紛，但不影響體適能這個課題，其對民眾健康的重要性。

在那些個年代裡，不論你是否曾加入或參與過亞力山大的課程或活動，你一定曾看過一個美麗的身影。她或許出現在熱力沸騰的活動會場，或者出現在教學的錄影帶中，更常見的，是在報章雜誌以及書店的專書中。這個美麗的身影叫做陳鈴，她是現今在臺灣，將肢體展現這件事，表現得最「專業」的代表。

在亞力山大時期，陳鈴老師已經是首席的指導教練，擔任教務課長，是當時亞力山大集團總裁唐雅君最得力的助手，伴隨唐總出現在各種教育、廣宣及事業拓展的場合。她負責的項目包含教舞、編舞、幹部訓練、體適能示範，乃至於展場規畫、秀場指導等多元任務，在某個層面上來看，她甚至可以被當成亞力山大的代言人，人們一看到她，就等同

於看到亞力山大的專業。

　　但其實陳鈴老師的專業，自成一個格局，並不受限於哪個企業，事實上，早在亞力山大於2007年出現各種問題之前，陳鈴老師已經走出另一條生涯發展的路線。或者應該這麼說，陳鈴老師從學生時代起，就立志發展的路線，一直沒變過，只有越走越寬廣，亞力山大是影響她人生很大的一段路程，但她的人生有著更寬廣的格局，身為結合體適能各項跨專業領域的頂尖專業，她的目標是創立一所陳鈴身體教育學院，其目的和金錢完全無關，純粹是來自於陳鈴從小就立定的目標。

　　這目標從一而終，從沒有退怯改變過。就是這樣的堅持，讓她成為臺灣體適能領域的專業職人。

▍課堂二：用志向為導向，非以盈利為目標

　　或許有的人會覺得陳鈴老師在唱高調。有人會說，她因為長得漂亮，際遇又好，所以比起別人多了許多的發展機會，包括在亞力山大時期可以成為舞台上站在最前頭的閃亮巨星，以及之後在體適能領域發展的種種成就，吃味的人，會將這些都歸因於她的「美貌」以及「好運」。至於什麼理想抱負那些的，說穿了還不是為了錢，只要成名就可金光閃閃，理念那些的只是講好聽的。

但，陳鈴老師用事實，可以打破這些流言。

首先，最直接可以證明陳鈴老師是為了理想，而不是只為金錢工作的，就是她的出身。若在其他人身上，可能很難舉出反證，但很剛好地，在陳鈴老師這邊是可以的，因為她從小就家境很好，不敢說是銜金湯匙出生，至少也是衣食無缺，直到現在，她都不用擔心金錢的問題。以她的外表，她可以輕易地進入演藝圈，並且實際上也多的是這樣的機會，可以如同一些常在電視上表演的舞蹈健身名師般，賺進許多廣告費。至少，以她的專業，都是「貴族」們所願意買單的，諸如可以開高價位的專業課程等，也保證她可以輕易的就收入不斐。

但實際上，陳鈴老師選擇將大部份的時間花在很「平民」的工作上，在她滿檔的行程中，包含了教發展遲緩兒做運動，幫助銀髮族做保健，以及弱勢之特殊族群和一般普通的上班族，用所得不成比例的報酬，分享如何健身保持健康的身體。事實上，陳鈴老師的一大志向，就是將體適能這個運動，發展成為平易近人的運動，她不認同過往老是將那些休閒健身的領域，變成一種「貴族運動」，好像只有有錢人可以在那個會員制的領域裡，在裝潢豪華的空間裡，使用運動器材，有著教練做諮詢。

陳鈴老師主張，要將健康運動的概念，普及到全民。所以她人生目標是要設立陳鈴身體教育學院，重點不在於創立一個俱樂部式的會員制收費運動事業，而是要將各種體適能的專業，透過教育制度傳承，開花結果，讓更多人分享。

當一個人以賺錢為事業考量，她會想到的是，怎樣可以討好眾人，怎樣可以讓民眾掏出荷包，怎樣可以用最少成本獲取最大利益。那種思維是完全不同於利益大眾的。當一個人是在立志的情況下，以追求眾人福祉為目標，她考量到的是，如何才能為這社會做出貢獻，如何用她的專業對人們有幫助，如何推展正確的理念，即使挫折阻礙重重，也要努力往前。

所以，一個本著「志向」推展的事業，跟本著「賺錢」「求名」為目的的事業，是截然不同的。

陳鈴老師就是本著志向來推展事業，很用心投入體適能這個領域的人。

▎課堂三：學習精進，用證照打造更高能力

在談到陳鈴老師的發展成就時，不免會有人說，她因為外表的優勢，所以常得到貴人的提拔，包括在亞力山大時期，她是唐總裁欽點的第一愛將，包括她在不同的領域拓展，都可以吸引到很多貴人支持。

但其實，如同陳鈴老師所說的，人說千里馬需要伯樂，但前提是那真的是千里馬，否則就算身邊都是伯樂也沒用。此外，若不以真心去感謝伯樂，那也不會有千里馬和伯樂的緣份。

所以，所謂的貴人，當你用心的感恩，去學習，那你永

遠都會遇到貴人。而只要你有實力，當遇到貴人時，你自然就能有所發揮。

陳鈴老師是有實力的人。

當有人發出不平之鳴，說她可以得到比較好的待遇，可以在眾佳麗中，被選為最頂尖的亮麗代表。但這些人忘了，陳鈴老師有著真正的「專業」在支持，她從小就用心學習，一路上不斷的成長，不斷的吸收新知，用功學習，日夜匪懈的演練，考取了一張張的證照。

這些證照，以及要得到這些證照所付出的辛勤和內心的毅力，才是她變成亮麗代表的原因。

當人們一方面對別人的成功感到不平時，卻沒有自我反省，自己曾為這份事業付出多少心血。就好像在亞力山大的時候，當時有很多從海外歸國，有著國外經歷光環的資深舞者、資深教練，最後都歸她管理。因為專業是現實的，你不長進，就會被時代追上，即便過往出身名校，得遇名師，或曾經得過怎樣的獎，若停止學習，不再精進，那過往的光環頂多只能保住一份工作，但要更上層樓，就靠實力取勝了。

陳鈴老師擁有五十多張的證照，她用實力在這個專業領域裡發光發熱，她用熱誠及愛心，灌注在這個行業的整體發展。若要條列她的專業，可能可以寫出很多頁，只列出幾項她得到的國際認證，包含 ACSM 美國運動醫學協會（F）認證、NASM 美國國家運動醫學學會(PT)認證，AFAA 美國有氧體適能協會認證、AFAA A-PIC 檢定養成教官、AFAA

Mat Science　墊上科學教官、AFAA　Maternity Fitness孕婦有氧教官、RTS抗阻力訓練證照、皮拉提斯私人教練證照、Yogafit 第三級證照、最早期的 SPINNING JOHNNY G 證照、SPEEDO 水中有氧證照等等。

　　每一個證照不只代表一種專業肯定，也是代表了陳鈴老師有志於這個事業，全心投入的決心。

▎課堂四：要跨領域，才是真正專業

　　現代人唸大學，常常就學前，不知道要選什麼志願，反正就以現在最當紅的學門為主，諸如以前是唸醫學最有前途，後來是學電子的，現在可能文創產業有發展等等。總之，不是為自己唸書，而是為「錢」途唸書。這樣的唸書，其實只要後來有用心投入，也自可成就一番事業，因為的確過往歷史證明，許多成功的大企業家或各行各業的大人物，他們是在大學時期才發現自己真的喜歡那個科系。

　　最怕的是，就學前茫茫然也就罷了，就學中仍是茫茫然，然後畢業後更是茫茫然。這是臺灣現代年輕人缺乏競爭力的因素之一。

　　談起現代教育，陳鈴老師會有種感慨，她認為有兩大缺點，真的會阻礙一代又一代的很多年輕人去成就夢想。第一是大環境方面的，我們的教育，還是太教條主義，教出來的學生都不知變通，不懂跨領域的思維，帶來很多的負面影

響。

　　舉個例子，在臺灣，一個醫生只懂醫學專業，但不懂體適能的知識，遇到筋骨損傷的病患，在醫治時，知其然卻不知其所以然。而一個體操教練，就懂得如何鍛鍊肌肉，但不懂病理學，只憑經驗主義來避免運動傷害。

　　同樣的事，在臺灣隨處可見。陳鈴老師僅只就她的專業舉出例子。因此她在學習上，大力主張跨領域的學習。當然不是說，一個體適能教練也要去唸醫學院；而是說，一個人要針對她的事業領域，儘可能多方的學習，這是一輩子的事，唯有自己學習的觸角越廣，他才能更懂得他的專業。也唯有最多元化的懂自己的專業，才能落實最佳的服務與貢獻。

　　所以陳鈴老師不但一直不斷努力學習，並且學習是跨領域的，她的體適能運動中，包含著對人體醫學的基本瞭解，也包含對營養學、運動解剖、運動生物力學等的瞭解。不只針對一般狀況做專業認識，也對不同情況做分析與研究，例如孩童、老年人、特殊病症的人，以及孕婦、中年上班族等等，同樣的運動標準，肯定不能適用在不同的族群身上，若只懂得一體適用，不知因材施教，那就不能在教學上，獲致好的結果。

▎課堂五：興趣和工作結合

前面提到現代的教育的兩個缺點：一個是大環境的教育制度；一個就是學生自己到底有沒有用心，有沒有自己的想法。

年輕的學習將影響一生的發展。但很多時候，在關鍵時刻沒有做出選擇，或者雖有選擇，卻輕易被其他人意見所左右，進而放棄自己的夢想。那是很可惜的。

一個人唯有在做自己有興趣的事時，才會投入最大心力。

學生時期，陳鈴老師唸的是舞蹈系，她從小就知道，她對於肢體訓練&肢體表達有濃厚的興趣，而她也很幸運地，她碰到的是很開明的家庭，而且家中經濟不錯，可以負擔她去唸「看起來不會賺大錢」的舞蹈科系。

求學時間，她逐漸發現，在肢體訓練的領域中，她比較想投入的領域，是能夠帶給眾人最大影響的體適能。這在當時，是個比較不被長輩接受的選擇。那時候，她的家人鼓勵她去外國進修舞蹈，並且學校都幫她找好了，甚至還安排學伴可以陪她一起去。能夠去海外名校學舞蹈，是許多人夢寐以求的事，絕大部份的學生，因為家中經濟因素，不能赴海外圓夢。但現在，陳鈴的家人都已經幫她準備好一個可以去海外唸書的機會。但內心已立定志向的陳鈴，卻毅然決然

地，選擇去唸臺灣的體育學院。一個外表嬌弱美麗的年輕女子，卻將生涯發展投注在看來陽剛，很沒藝術氣質的體育領域，的確會讓她大部份的親友感到無法理解。

（而所謂體適能就是透過肢體活動而得到身體健康）

但在陳鈴心中，她一直確定知道自己要做什麼，也堅持自己的理念，一路往前，直到今天，無怨無悔。

她告誡現代的年輕人，要清楚自己內心想要的是什麼，要聽從自己內心的聲音，一旦確認，就要一往無前的往前走。

也許，前面會碰到困難，也許眾人會對你不諒解。但最重要的是，一定要忠於自己，是你自己的選擇，你才會心甘情願的去投入。

將興趣與工作結合，是最棒的工作。

十幾二十年來，不走藝術導向的舞蹈，而改為投入健康導向的體適能領域。陳鈴老師走出自己的一條路。她說，她最大的樂趣就是研發，因為喜歡她的工作，她不斷的研發新的教學方法，研究針對不同的族群，該怎樣設計運動的姿勢，才能對他們最有幫助。她研發不同的教材，不同的健身方法，不同的動作，不同的節奏。

她完全樂在其中，陳鈴老師正是興趣和工作結合，創造出美麗火花的典範。

▎課堂六：增加深度與廣度

　　不論任何的職業或任何的學門，都包含了深度與廣度。

　　以體適能領域來說，他的深度當然是指他的專業，陳鈴老師擁有許多的證照，這是一種追求深度的展現。只有當一個老師夠深度，才能教出更有實力的學生，這就好像古代的武功高手，要自己的功夫高、本事強，才可以傳承更精湛的武術給徒子徒孫。

　　比起深度來，廣度無寧是更難的。特別是在臺灣的框架式教育制度下，我們也許可以培養出一個很專業的醫師，很會唸法律條文的律師，以及談起四書五經頭頭是道的學者。但在現實生活中，沒有任何一個知識、職業，是可以完全獨立不和外界相關的。

　　就好像，現代醫生也要懂行銷，才能在醫界生存；一個工廠技師若不懂管理，就算他是全世界最專精的那位電焊師父，成就也終是有限。

　　陳鈴老師真心的鼓勵年輕人，在平日就多元化學習。有的人在學生時代，會在主修一門主系之餘，另副修一門旁系。至於已經入社會工作的人，也可以不斷的透過上課、自修等方式，加強自己的「廣度」。

　　常有人感嘆這個社會，每天新聞都在說：經濟不景氣，學生擔心畢業即失業，什麼22K、15K的，還有擔心工作一輩子也買不起房子等等的悲觀言論。但與此同時，卻有很多行業永遠找不到適合的人。就是在現在，仍有很多大企業求才

若渴，開出很好的條件，恭候有才能的人來領取。

也就是說，這社會的問題不是沒有足夠的職缺，而是沒有足夠的「人才」。而所謂人才，現在缺的，當然也包括「深度」夠的人，但更缺的，肯定是「廣度」和「深度」都夠的人。

所以陳鈴老師要說，不要再嘆什麼千里馬遇不到伯樂，要問自己；真的是隻千里馬嗎？

如果不是，那趕快充實自己，才是良策。

課堂七：幫助弱勢族群

對於投入體適能這份事業，陳鈴老師以無怨無悔的心境，將用一生來追尋。

除了興趣外，還有一個很大的原因，那就是助人。

陳鈴老師說，大凡從事一個行業，要能夠走到一個更高的境界，不免一定要拉高自己的格局。一個凡事只為私利著想的，成就很難變大。只有放眼更多人的福利，那事業才會更寬廣。

於是陳鈴老師投入許多的時間在服務更多的「平民」身上，當然，這裡的平民是指相對於一般認為要花幾萬元大錢

去參加高級俱樂部才能健身的貴族。

　　陳鈴老師認為，健康是人們一生中很重要的財富，當沒了健康，其它什麼金錢、事業，都是空的。陳鈴因為她的工作，可以對很多人的健康帶來正面的助益，也感到非常的高興。

　　以下針對為一般上班族朋友 (學生也適用)，提出幾個健康小叮嚀：

　　1. 確實把運動時間安排出來

　　2. 每天設定達成目標：公園或學校操場慢跑三圈

　　3. 隨時檢查自己的脊椎：是否彎腰駝背，尤其是頭部&頸椎、肩膀&胸椎、腰部挺直。

　　4. 受限的工作環境／教室：則以伸展操為主

　　5. 加入興趣項目的運動團體：騎單車、爬山聯誼、健走、球類運動等。

　　6. 居家以地板或站姿、坐姿：肌力訓練為主。

　　以上所列舉的部份，必須是您有基本的認知，例如您的身體狀況如何、您的體重是否有過重的問題、家族是否有其他病史要特別注意，您對運動前必須應該具備的常識、運動時所穿的鞋子、水分的補充事宜……等。

　　最後，還是要告訴大家，身體健康，才有能力做更多的事，在打拼成功的事業前，要先善待自己的身體。

築夢大師第九號　**黃家驊**

音樂人的快樂成功人生

　　音樂教父賦予我使命，成就學生就是創造人生的價值。樂響樂想學、樂響樂寬廣、樂響樂精彩、讓你笛確不同凡響。

　　成功的演奏家，是昨天的事實；明天的理想，是今天努力的方向。

　　音樂豐富我的生命，所以我也把自己獻給了音樂、100.000 小時以上。

▌演奏家
職場音樂演奏25年，演奏時數70.000小時以上。

▌音樂教授
演奏、樂團、個別課20年時數40.000小時以上。

▌出版品
民謠、熱門吉他自彈自唱、聽教材 (1976民國65年3月出版)
個人音樂演奏 CD 專輯。

1. 國家培訓管樂教官：專研木管樂器演奏技術30餘年。
2. 技術顧問：資優生評量、 技術突破樂器鑑定。
3. 冠軍教練：曾榮獲全國校際管樂比賽總冠軍。
4. 愛樂技術學苑：音樂總監、師資培訓。
5. 音樂比賽：評審、講評。
6. 音樂教育：諮詢顧問。
7. 演奏家：木管樂器。

▌職場
中國廣播公司樂團、臺灣電視公司樂團、交響樂團、國際觀光飯店爵士樂團指揮、錄音室樂團⋯⋯等。

　　我是個資深的音樂人，很榮幸能結合我的興趣專長與職業在一起，透過最喜愛的音樂，不斷地持續精進，也更融入音樂，享受音樂的洗禮，同時又可以用音樂來對人生做出一點貢獻，透過音樂演奏，和愛樂者做心靈的交會，藉著技藝的傳承來助愛樂者技術突破是最快樂的事。

　　在開始我的課堂前，我要先感謝我的恩師們，因為有他們的教導，我才能在音樂領域裡走出一條路，這些要感謝的音樂家包括：

　　世界長笛大師：JAMES GALWAY（英國）

　　世界排笛大師：弗蘭克 索爾（法國）

　　中華民國管樂教父：施鼎瑩 將軍

　　　　　　　　　　　（中華民國派留學俄國）

　　臺灣管樂教父：樊燮華 將軍

　　　　　　　　　（國防部示範樂隊團長兼指揮家）

　　啟蒙老師：田青萍 劉海林 黃聲 林承光 宋若冰 宋國祥

　　　　　　　教授。

　　名師典範以師為尊、感恩、音樂伴我一生。

▎課堂一：天生我才必有用　不可輕言放棄

　　老師、家長絕對不可輕言放棄任何一個孩子，以教育方法改變，就能創造奇蹟。

　　最早影響我走入音樂之路的人是我能彈一手好吉他的舅舅，青少年時在我心靈種下音樂的種子，他教我彈吉他，讓我在中學時代就找到我的興趣，加入學校的管樂隊後，樂隊的田青萍教官鼓勵我投考軍中藝術的搖籃「政工幹部學校」。當時國家要嚴訓一期管樂菁英進入國家示範樂隊及三軍軍樂隊，因此各種樂器的教官全都是國家首席之選，由國內及國外的演奏家所組成。這幸運的機會，讓我接受到了國家一流的音樂教育，最令我感到意外的是，直到軍校的李深白隊長報告後，我才知道當時我是以第一名成績考進軍校；但更榮幸的是，我竟然還能以第一名的成績畢業。這段重要的學習開啟了我的音樂快樂人生之路。其時每個人在人生的路程中，身邊週遭的人對我們的影響都是非常大的。很多人的一生，就是在小時候得到啟發，爾後在某個領域才能成就不凡的事業；但相反地，也有很多人，小時候因沒得到家庭正確教育，或受到不良的環境影響，步入歧途，徒留遺憾。

　　學歷不等於經歷，職場就是競技場。學校怕你學不會，職場怕你偷學會。

　　當時能以第一名畢業的我備受師長看好，我也以為我的實力在進入職場後能闖出一片天。但結果不是如此，我的實力根本和職場運用還差一段距離，就如同學院派遇見實戰派，站上了舞台才知道很多所學的和職場有差異，這就是學歷不等於經歷，也如同現在國外留學回臺的學院派碩士生，通過了考試曲目取得文憑，回國卻未必能順利地考上國內的職業樂團或交響樂團，落入不上不下的窘境。現在音樂的環境是人找事，而我當年的環境是事找人，在多位職業高手貴

人名師的相助下，給了我很多的臨場實戰經驗及大小場合的演奏機會，其實在職場的激烈競爭下，很難得會有人用心傳授自己的專業技術。因此對於那些幫助過我的恩師，我內心充滿了感恩。

在不斷的鑽研技術多年，終於我進入了國際觀光大飯店一流的爵士樂團，每週都與不同的國際藝人合作表演，把握機會向外國藝人及黑人薩克斯風高手請教他們吹奏一流的功夫與絕活，包括美國百老匯的藝人、法國紅磨坊的藝人，及歐陽菲菲與日本 NHK 電視台的樂團日本影歌巨星小林旭、華人巨星蔣光超及影星凌波……等，這些精采的演出都創下了當時國內最高票房的記錄，成就了我精彩音樂人生也最具挑戰的舞台，讓我領悟到「能跟一流的人學習才能夠加速成為一流」。

(回憶我在中國廣播公司和臺灣電視公司等各大樂團期間，當年才14歲可愛的小鄧麗君，她所送給我的簽名照片後面簽的日期是 1969.2.3，我這才記得我們是同時期進入樂壇，那時怎麼知道小鄧日後會成為當今華人的一代巨星。)

在當年許多歌星的成功，都是靠著不斷的失敗累積了日後成功的實力，如歐陽菲菲、費玉清、張帝、高凌風、鳳飛飛……等歌星，都是告訴自己要努力要忍耐才能成功。許多原本不被看好的人，藉著努力精進、加速充實自己的專業、等待機會、堅持到底，才能享受成功的果實，因此我們都不能輕視自己的潛能。

課堂二：臺上一分鐘 臺下十年功

許多書本一開頭出場的，是看起來很了不起的俠士，到後來才知道，根本和高手比畫時一招都過不了。而那些所謂高手們，在碰到真正的絕世高手後，又如小雞碰到老鷹般，根本沒得比，所以自滿是退步的開始，驕傲是進步的終結。

真的學無止盡，各行各業都是這樣，要提昇自己，就是三件事：

一、 不斷的學習。二 、不斷的練習。三、要創新與風格。

創出自己獨特的風格才能闖出一片天，這就是要成為大師的唯一的境界。例：畢卡索、Kenny G 都有個人獨特風格。

感謝過往生涯中有許許多多的良師益友的技術傳承，讓我本身更發奮勤練技藝。30多年職場表演的累積時數，已經超過100,000小時以上，我深深地認為，音樂演奏是一種影響他人同時影響自己很深的一門藝術。要在眾人注目下表演，不像畫家、作家、電腦高手，可以隱身幕後，慢慢思考再動作，音樂人就是要藉由臨場的經驗呈現出演奏音樂的感動，所以臨場的抗壓性都在分秒之間，好的表演家是以實力來完美詮釋，沒有任何取巧的空間也沒有錯誤通融的餘地，不夠專業是上不了檯面，就是所謂的功力，這就是音樂與時間完美融和在一起的藝術。

經過了20多年的演奏，才算是能進入到錄音室樂團的專業層級，表示所演奏出的音樂是有被保存的價值，才能錄成

有價值的商品給人永恆地欣賞，那也是音樂人所期許的最高境界。

　　現代許多年青的音樂人，學了一兩年就認為已經很久了，會了十多首樂曲就想去收學生當老師，這就是目前臺灣音樂的大環境，其實打工賺錢是無過的，但細想如此下去是好的嗎？程度能有所提昇嗎？其實，越早當老師反而是提早退步的開始，因為驕傲的認為自己是大師，這就是越早當老師持續進步最大的阻力。唯有虛心求教、精益求精才是成長的動力，關鍵是拜師。

　　我個人真實的記錄是，我從學音樂到進入職場競爭的階段，這廿年多間從未收過一位學生，我的老師們的功力都是那麼超強，我那能當老師呀！我的認知是，老師是神聖可敬的。

　　我經歷過軍樂、古典樂、交響樂、爵士樂、國、臺、日、英、流行歌曲、名謠、拉丁舞曲、佛郎明哥……等不同曲風，又和不同的國內外的歌手，如：凌波、鄧麗君、搞笑天王蔣光超、豬哥亮等這些不同風格的頂尖藝人合作過，我得有經驗才能勝任，這就是職場。

　　現代年輕人常抱怨只領22k，但有沒有以老闆角度去想，一個公司會需要什麼人，當經濟不景氣時，老闆當然會希望所召募的員工能夠舉一反三，同時會多項技能，會業務也會電腦，會行銷也懂企畫，若只懂學校的基礎教育而不再精進的人，就不能怪說在社會上沒人要用你了。

課堂三：今天的教育，就是明日的經濟

投資教育就是投資未來
我音樂人生的第二幕，是從事音樂教育工作

給老師及家長誠心的建議，應該先從各方面多觀察了解孩子們到底是在哪方面有優異的才能表現，而不是只注意他們是否聰明或功課好而已。資賦優異趨向面面觀：

一、智慧能力上 (聰明)
二、學業性上 (數理)
三、領導力 (領袖)
四、創造力 (研發)
五、表演 藝術 (音樂、舞 、戲)
六、動作 (體育)

◎ 沒有才藝 、難有機會、沒有功夫 、難有舞台。
◎ 多學藝點 、多聽藝點、多練藝點、「藝」想天開。
◎ 跟一流者學習，才能成為一流 。
◎ 有靈魂的音樂才能觸動心與人溝通對話。

資優生易見，天才難得，亞斯伯格症與音樂天才的故事。

他是亞斯伯格症的小朋友，找對了屬於他的軌道，他是天賦異稟如天才。

在不對的教育上，他就是孤獨古怪抑鬱終生的過日子，他們最需要的是找對的老師，教對了啟發，難在臺灣沒有這種特殊教育的學校。學什麼都失敗之餘，父母著急，學校老師也都無策，排斥這種古怪的學生，我收了這個學生，教會他薩克斯風是我的職責，也是我難忘的成功教學經驗。

天才均非與生俱來，我生平遇見最難教的薩克斯風小五學生，有時正常有時怪異，每一段的練習都是挫折，幾乎每堂課都是落淚下課收場，個別課沒有媽媽壓陣，這課是很難上的，經我引用方法正確，紮下實力的基本功，秉持貫有愛心、耐心特訓，過程專業，漸漸發掘他有了起色，慢慢進入狀況，一年多後，他會告訴我，這樂句很不好聽，他用別的曲調、他的造句、他的創作，還真的好聽，已紮下基本功的他，似乎添翼般可以自由即興吹奏，因學薩克斯風找對了屬於他的軌道、屬於他的翅膀，就是日後屬於他的舞台，對他的一生，對他的父母，都是一生最大的感動；對我個人而言，也創造了人生三贏和價值。因臺灣沒有這種特殊教育的學校，日後家長就送他到美國紐約特殊教育的學校，也專攻了薩克斯風深造。

教授薩克斯風 挽救了一個青少年的學業。

一個課業不良，學校老師頭疼的學生，家長把他送至我的學苑，基於有教無類，經過一些時日，這位學薩克斯風的學生被國中音樂老師發掘，上了司令台演奏 Kenny G 的一曲，在學校出了名，這位成績單難得有藍字的國一學生，被視為沒什麼希望的青少年，讓校長叮嚀，請導師挽救他的功課，因學樂器

而發現他的資質，進而挽救了一個青少年的學業。

不可能的任務，用聰明的策略逆轉勝。

響譽國際臺灣之光，校際管樂界中的可敬對手一女中，她們真的是很優秀，每年全國校際管樂大賽都是第一名。我帶領中山女高樂隊參加大賽，每年都遭滑鐵盧之餘，嚴肅的比賽用傳統的方法已不太管用，沒有聰明的策略仍會是每年失敗。首先我得從一年級組隊期間就能取得師生間默契的承諾，決心努力合作才有成功的可能，接受認同寒暑假的嚴訓，這是第一步。嚴訓內容加強訓練外，也研擬兩年後再參加全國大賽的策略，結合了我在職場舞臺表演的豐富經驗，外國藝人的創新表演融合於學生室內外的比賽，再運用了聰明的策略過程專業，讓這十位裁判團不易輕鬆下筆評分，裁判會議到天黑遲遲未能宣佈，我心中有數了，這回比賽很可能要顛覆以往，中山女高終於拿下全國總冠軍！次日光榮回校的早會，可想而知，全校那種感動熱淚的場面，創下了學校的歷史紀錄，不可能的任務，我辦到了！

報考國內國外音樂科系的學生沒有失敗過的記錄。

我收報考音樂科系的學生首要學科要好，教術科是我的技術本位，才能保持不敗的記錄。也有多位以榜首考取音樂班入學。曾有一位學豎笛的女生一直不肯多練習，是我最不看好的學生，考前因師生壓力太大，臨考前一個月，她告訴我她要放

棄考音樂大學而停課了，事隔一年多與家長電話談到，她當年已考取了國立藝專豎笛組，這也肯定了我的專業實力，能幫助愛樂者圓夢，是我最快樂的事。

因學樂器最易發現有潛能的學生。

就因為學樂器能提早發現小小朋友受教能力超強，十五歲申請許可進入美國大學。父母用聰明的策略，學校課外家庭時間，請家教小學、初中、高中課程一級跳一級，十五歲已高中畢業，以超資優生申請許可進入美國大學入學。

學音樂不能失去信心，在管樂器中找回信心。

學鋼琴對音樂失去信心的大小朋友不在少數，其實學生失去信心，老師是有責任的，不外乎：一、老師經驗不足，不能讓學生持續進步及突破。二、學生練習不夠，學生漸失去信心是理所當然，改學管樂器，我挽回許許多多愛樂者對音樂找回了信心。

▌課堂四：學音樂就是人生價值的投資

當我們投資股票時，會有漲有跌，許多人還會血本無歸；但若我們投資學習音樂只會帶來正面的價值，而沒有負面的影響。

冠軍教練現身說法：

- 資優生：在音樂中培育。
- 菁英：在樂器中養成。
- 天才：在演奏中發掘。

1. 培訓孩子音樂教育種下希望最佳的價值。

2. 在社團競爭中可以迅速提昇優樂的能見度。

3. 世界上無數精英、醫生、領袖……等的成就，基本功多來自於音樂及樂器演奏的基石。泰皇 浦美篷、美國總統 柯林頓都是薩克斯風高手。

- 音樂：時間的藝術、聲音的藝術、聽得見看不見的藝術、美化時間的藝術。訓練敏銳的反應力，即興演奏是不可遲緩猶豫表達與人敘述對話的樂句 。
- 美術：思繪的藝術、視覺的藝術、看得見聽不見藝術、美化空間的藝術，訓練創藝的想像力：畫中有話、意中有思；創藝無限、藝術無價。

一定要學習樂器的理由：

1. 練就出 ：一生精準、精準一生。

學樂器精準一生：迅速敏捷的反應力受用一生，延伸其它學習優勢講不完，因學樂器而助益。從音符節奏鍛練眼、腦、手與節奏同步。腦力激盪、激發潛能、學習音樂，慢半拍是不允許發生的基本，慢零點幾秒都是不能發生的學理。實例：(一

拍16分、32分音符比乒乓球賽速度還要快好幾倍以上，精準的反應在音符與節奏秒秒之間斤斤計較)。

2. 培育非凡氣質。

美國總統柯林頓其實也是個薩克斯風高手，一頭白髮、風度翩翩、氣質非凡令人激賞羨慕不已。

美麗可以再造，氣質無法模仿：如：醫生、軍人、教授、運將、老師、警察、音樂家，氣質都大有不同。

3. 學好樂器以樂會友。

當掌聲響起，藝高人膽大，自信的優越感，理所當然。(個性內向者) 自閉、保守、膽怯及怯場者更要學樂器。(個性外向者) 樂器演奏如虎添翼，有可能是天才啟發 。

4. 家財萬貫不如一藝在身。

技術別人搶不走 學音樂的孩子比別人更聰明不易壞。

▌課堂五：休閒是人生重要的一部份

戰爭是為了和平 ，工作是為了休閒
休閒是為了健康 ，健康是為了事業
事業是為了人生 ，人生是為了幸福

休閒：休閒運動、音樂休閒、藝文休閒、心靈休閒。

　　休閒運動非退休人獨享的運動，越早養成健康休閒活動，對個人健康越有利，休息是為了走更長的路，休閒是為身心的健康；所以說，週休二日就是要給國人更多的休閒時間。在工作之餘，選擇適合自己有興趣的休閒活動，不論是室內或室外的休閒活動均有益健康。

運動的益處──在心肺循環系統方面：

一、增強心臟機能

二、提昇氧氣攝取量

三、舒緩輕中程度高血壓症

四、改善血液的成份

　　1. 失去自由，才領悟自由的可貴。失去健康，才體會到健康的價值。

　　2. 年輕也好、年老也好、健康最好、身體要好，一生幸福。

　　3. 我們都不因為做過的事而後悔，卻因未曾去做而後悔。

　　4. 不是因年老而停止玩樂，而是因為停止玩樂而變老。

　　5. 一生最遺憾的事……往往都是早知道而做不到。

　　6. 健康休閒活動的養成，關鍵是自己的毅力。

　　7. 不是因為健康而運動而是運動才會健康。

　　8. 均衡人生，才能菁英人生。

健走新知：

1. 美國醫學研究報導：每週快走或慢跑2.5小時可多活3年。7.5小時可延壽4.5年。

2. 英國癌研究報告：由於肥胖誘發癌症的因素之一，體力活動可促進燃燒體內脂肪，因此而降低患癌風險。

3. 丹麥研究發現：強調運動強度 (而不是運動時間) ，健走或慢跑者可使罹患中風風險減半，不容易患心血管疾病、血壓高、糖尿病。而每天散步步行一小時並沒有為心臟健康帶來明顯好處，但快走卻可以促進整體健康。

4. 英國萊斯特大學與拉夫堡大學研究80萬名對象，結果發現看電視、電腦上班族，坐車久坐不常走動的生活習慣易患糖尿病；反觀經常走動的餐廳服務生，罹患糖尿病的風險就低了許多。

▎課堂六：有健康才有菁英人生

許多成功的偉人、菁英、企業家、醫生，當人們正需要他們時，卻在發光發熱的中壯年就突然辭世，如賈伯斯、孫大偉……等菁英人材，讓人們不勝唏噓，惋惜不已。

我們身邊最常被忽略的事之一，不是別的，就是自己的健康。

這真的是件很奇怪的事，因為每個人其實「最關心的人」通常都是自己，但卻反而對自己「性命相關」的事，那麼地不重視。

音樂治療與音樂功能的證實：

音樂對人類是不可或缺的，音樂治療對人類已有絕對的貢獻與實據。音樂能感化身心靈及各器官，誘發個人多元性優質細胞的活絡及紓壓。憂鬱症、老人痴呆，音樂治療對這些病症都有療效，並得到醫學界的證實。

實例一：2011年8月民視新聞，不是故事，而是新聞，值得你相信。重度昏迷病患，音樂治療使病情回穩，原來巧的是，這名病患名字就叫黃安，和歌手同名同姓，於是護理人員就播放黃安的(新鴛鴦蝴蝶夢一曲)歌來刺激病人聽覺和腦部記憶，想不到病情竟然逐漸回穩。

實例二：國外也有在病床上的貓迷，護士每天床頭播放貓王 ELVIS 的歌曲，病情大有進步。

實例三：讓動物、植物聽音樂成功的增加產值，這已不是新聞。

實例四：快樂可使腫瘤消失。2006年4月電視報導，一位病人得了腫瘤，醫生研判只剩兩個月左右，絕望之餘，全家陪同環島旅遊的兩個月後，腫瘤奇蹟地漸有消腫。又一證實細胞需要含氧量，心情需要愉悅，休閒需要行動，才有益身體健康。

實例五：醫學實驗室報告：高興與愉悅時，細胞很圓潤，像18歲的年輕人。生氣憤怒時，細胞很皺縮，像80歲的

老年人。

正常人和病人的細胞很不一樣，癌細胞就是扭扭曲曲，亂七八糟的型態。因此尊重細胞的圓潤有氧是最需要的，運動是必須的，愛休閒、愛運動、愛音樂、愛自己吧！

另外研究顯示：慢跑或快走邊聽音樂，能促進雙效減肥效果這項訊息已被證實發佈。

▌課堂七：經營下班後的人生

這些年經濟不景氣時，一輩子只專心投入某個專業的人，除了工作外，沒有經營其它層面的生活，沒有發展第二專長，也沒培養自己的興趣，結果碰到國際大環境衝擊，公司大裁員，或者在長江後浪推前浪，現實的競爭下，被判出局，頓時生活失了重心。

在我的學生中，不乏公司管理階層主管或老闆，喜好音樂，但礙於年輕時期沒有學習環境，如今總算以償夙願，往往他們是最認真學習的一群，多數也有不識五線譜，初時沒信心，但經過指導學習，已能樂在其中。

培養休閒嗜好是很重要的，不為特定目的，就是為了工作之餘，能安排健康的生活，例如：中華講師聯盟使命願景幸福達人—曹健齡班長是活動規劃的推手，把我們小團隊今年至明年的休閒健康活動，都已有了規劃，我與曹班長去年已實現部分夢想，參加金氏世界紀錄自行車環島及汽車環島

大夢，挑戰成功，且要繼續圓未完的夢。另每週四晚固定上華盟功夫大師—卓錦泰老師的拉筋運動健身課，有機會即聽樊有美老師、林惠蘭老師等多位老師的演講。我個人亦喜愛旅遊，已環遊世界近二十個國家，體認當地的民俗風情、觀賞各地風光特色建築，以增廣見聞。

當一個嗜好投入數年，也有可能發展成另一種事業，雖然不是休閒本來的目的，但卻是有可能產生的果實。我有很多朋友就是在休閒領域發展出一片天，甚至有人乾脆將休閒變正業，例如：原本喜歡旅行、攝影，後來成為旅遊作家；喜歡玩搖控飛機，開家模型店；學舞後來變成舞蹈老師；原本學插花、學插畫，則把自己作品變成咖啡館中的佈置或特展等等。

綜上種種，有自己喜愛的社團，可以多多參加，如棋社、讀書會、聽演講、學音樂……等各種不同層面的學習。今天起，試著讓自己下班後有點不一樣的休閒健康生活吧！健康就是財富，健康就是未來。

健康人生需要均衡營養、菁英人生需要均衡配制、健康與事業可同時兼顧。早知道我就是要做得到，行動才是成功的第一步，這就是本書的經典課題。

3

音樂、藝術、氣功　身心健康是成功的基石

第 4 篇

樂觀積極不斷學習
成功有方法

築夢大師第十號　趙祺翔

抗癌重生，亮麗新生

　　在人生將要發光發熱之際，卻遭遇罹癌打擊他將抗癌的人生經驗，運用在生活之中卻開出一片不可思議的美麗花朵！

　　擁有豐富行銷、培訓和演講經驗的他要將他的生命經驗和體會和您分享。

信箱：jason700804@gmail.com

▌現任

Life Coach人生教練成長顧問有限公司 特約講師
中華華人講師聯盟 公關傳播副主委

▌背景

金融保險論壇 感動式顧問行銷專欄作者
中華華人講師聯盟 講師

▌演講與授課經驗

專題演講、教育訓練、研討會等演講場次超過400場，聽講人次超過2萬人次。各大保險公司：中國平安保險、南山人壽、紐約人壽、保誠人壽、中國人壽、國泰人壽、富邦人壽、宏利人壽、保德信人壽、台大保經……

▌其它經歷

各大中小企業及公務、學校團體，演講地區包括台灣、中國、新加坡、馬來西亞。

▌著作

《大鼻的抗癌日記》、《大鼻的抗癌日記》(全彩圖文革新版)、《成功有理——15位大師的軟實力硬功夫》(合輯)、台灣商報 金融保險論壇雜誌 專欄作者、作品發行：中、韓、星、馬、臺灣……等地。

▌課堂一：如果人生被按下暫停鍵

在十多年前，還是個普通大學畢業生的我，因為家裡經濟情況並不好，我只希望未來能擁有一份好工作，賺很多錢，讓家人過好的生活，當時，成功對我而言，就是功成名就，如此而已。

但因為太想賺錢，兼了好幾份工作，所以還沒出社會，我的人生就被強迫按下暫停鍵，我，罹患了癌症。對當時23歲的我而言，這無疑是重重的打擊，從小看著父母辛苦拉拔自己長大，才準備出社會，好好報答父母的照顧，卻被檢查出罹患淋巴癌偏第三期，癌症就分四期，更何況淋巴癌很容易就會跑遍全身，就是說，我在一夕之間，突然要去面對「死亡」這件事……。

這樣重重的一擊，讓我陷入了很深的低潮，但因為家人的鼓勵，和本身的興趣，我利用畫漫畫和寫日記的方式，讓自己度過了那段辛苦的時光，最後得到出版社的青睞，出了一本《趙大鼻的抗癌日記》，並發行到中、韓、星、馬、臺五個國家，這幾年也接受許多演講邀約，分享如何從人生的低谷走出，找到生命的價值。我才發現，原來這個疾病，從我身上帶走了很多東西……但是因為這樣的失去，反而成就了我的夢想：成為一個賺世界財的人，一個用漫畫述說我生命故事的人，一個協助別人不斷成長的老師。而這些夢想，我都一一完成了，其中，有些心得和經驗，真誠地與您分享……

在這之前，我想請您先借給我兩分鐘，閤上你的書本，是的，暫時閤上書，靜下心想想……「如果我的人生就要被

按下停止鍵，有什麼事情，會讓我覺得後悔、遺憾的？」

接下來，我希望你現在拿出一張紙，把剛才的想法寫下來，把它貼在你天天看得到的地方，提醒自己。

在當時，我處在生命隨時有可能會消失不見的情況下，我問了自己這個問題：人生有什麼事會讓我覺得後悔，遺憾的？才發現有多事情我想學，但是從來都不曾開始，有太多事我想做，想影響別人的生命，可是我卻一直低著頭，只忙著賺錢這件事，從來不曾行動。

此時此刻，看這本書的你，是否也聽見自己內心深處的聲音了呢？

▌課堂二：了解自己，再來實現自己

曾經歷過癌症，面臨生死關頭，那時我很認真的思考自己的人生意義，從那個時候開始，我知道我要更積極地去活，去學習，因為如果我的生命是在倒數計時，那我一定要在有限的時間，把我想做的事完成。也就是因為抱著那樣的決心，我學習到了很多我想學的事情，也學到很多以前不曾想像該學的事情，像是「健康管理」，就這樣，我的生命開始起了微妙的變化，最後我不但變得比以前更健康，也因為不斷學習並運用在生活當中，開啟了「講師」這樣的奇妙際遇。

既然「學習」改變了我，但這又要如何進行呢？常聽人說學海無涯，學無止境，那麼該如何學習呢？對於這點，我有兩個想法：

一、先找到自己成長的目標、人生的計劃和夢想。

二、了解自己，知道什麼方式可以讓自己得到最多成長和進步。

對於前者，找到自己成長的目標，找到自己的人生計劃和夢想，很多人常常沒想明白，就順著社會的價值觀一直走下去，可能打拼了一輩子，回頭才發現，雖然成家了，立業了，但自己想做的事一件也沒完成……這樣豈不一件令人難過嗎？

至於要如何去做？這不是一個sop的標準流程，你把問題丟過來，我就可以製造出答案給你。其實，答案就在你的心裡，在我們的生命中，什麼事是你特別有熱情？什麼事你會投入的去做？你最想完成的事是什麼？在你心中，在他人心中，你想活出什麼價值？如果有一天……你不在了，你會希望別人用什麼樣的方式懷念你？當你告訴自己具體的目標和夢想以後，就可以開始去擬定自己的學習計劃，也就知道該如何去進行了。

很多人會參考名人傳記，學習那些大企業家前輩的作法。我覺得在內心尚無頭緒前，以成功的名人當作範例，的確是不錯的開始，但，不同的時代不同的環境背景，有不同的成功要件，有些工作正面的特質，是跨時代共通的，例如勤勞、懂得與人分享；但有些事業推展的方法，就可能因時代而異。例如在王永慶開創事業的那個時代的大環境背景，就絕對和現今微創業時代的背景完全不同，當我們要學習前輩楷模的榜樣時，也要記得，依時代背景而調整。

而在此我要強調的，還是要依從自己的個人特性訂定計

畫，有的人的個性比較屬於溫和內向，穩紮穩打型的人，若要硬讓自己模仿郭台銘的霸氣，那可能就不太適合。

　　關於你是屬於什麼型的人，以下我會提供一個參考模型。

　　了解自己，是拓展自己的最基本要件。

▎課堂三：四種類型的人

　　有了計劃以後，先不要急著就跳下去開始什麼書都讀，什麼事都學。常聽別人說，盡信書不如無書，說的就是這件事。我認為要先了解自己的個性，自己的吸收方式，這樣才能事半功倍，發揮最大的效益：下面就是我對人的個性的分類。

每個人個性不盡相同，你是屬於那一種分類呢？先看一下最外圍的四個形容吧，有些人是外向的個性，有些人比較內向，有些人對人熱情，有些人對處理事務型的工作很在行，因此這也產生不同類型的人，我把他分四類，分別是掌握型、魅力熱情型、溫和導向型，以及謹慎理性型。

　　掌握型的人在團體中通常扮演管理和領導者角色，喜歡掌握一切，對目標具有熱情，勇於承擔責任、接受挑戰。掌握型的人，需加強人性了解，如果欠缺這方面的學習，很容易變成一位暴君，讓員工望而生畏，阻礙溝通。掌握型的人建議一定要學著讓自己更有包容力，學習傾聽，才能避免自己過度單向溝通的缺點。另外，掌握型的人會因為太過自我要求，容易把自己逼到極限，建議可花些時間學習放空，學習心靈成長，讓自己學會放下。

　　魅力影響型的人善於交際，喜歡發言以及與人互動，個性樂觀、正向，是個天生的外交家。由於是談話的天生好手，若能再加強這部份的學習，對事業推展能收事半功倍之效。本型的人太過希望被重視，有時候會忽略他人感受，所以學習傾聽和溝通，是需要加強的方面。另外，個性外向喜好新鮮感，往往會接觸了太多層面，卻沒有一個獨特的專精方向，要學著讓自己培養一項專業項目，才能讓自己有更高的發展性。

　　溫和穩定型的人非常專注，個性平和，有條不紊，是團隊中的穩定力量，願意犧牲小我，完成大我。這型的人，對需要下苦功，重覆練習的學習甘之如飴，適合高技術方向的學習，例如學習一技之長。不過，因個性具有對人的敏感度，且願意配合別人，有時卻反而忽略自己要的是什麼，建

議可以進行自我探索方面的學習，了解自己的潛力，發揮更高的層面。另外也建議，可以對這世界做多方向的接觸，不要固守現況，將會發現這世界上還有許多美麗的事物。

謹慎理性型的人重視精準，是個完美主義者，非常理智，遵守準則，對事情常保持懷疑批判的角度，很多專家如醫師及科學家都是這類型的人。此型的人優點是有深度，但相對地卻不一定有廣度，這是要補強的地方，建議要做廣泛型的學習。另外，因個性較為理性，對事物多以懷疑角度切入，建議培養軟性、感性的事物興趣，同時也建議做溝通方向的學習，試著讓自己多一些包容性。

找出自己的屬性，配合自己的情況做學習，讓學習效果可以更好。

▌課堂四：五項生活中最重要的領域

這裡想和朋友們分享一個小的故事。

有一個可愛又活潑的小黑狗狗，牠非常地討人喜歡，尤其是牠尾巴上有一小段白色的地方，有一天，牠的媽媽看到牠一直不停地在原地打轉。

媽媽問牠：「你在做什麼呢？」

黑皮說：「有人告訴我，只要抓到我白色的尾巴，我最會得到幸福！」

媽媽聽了，笑著對牠說：「其實要擁有幸福很簡單，只要你邁開大步，往前走，幸福就自然會跟著你了。」

於是，黑皮快樂地向前走去，而幸福也一直跟隨。

故事聽完了，不知道你有什麼感想？

對我而言，我的想法是，對於幸福，很多人常常想要去找到答案！

有些人停在原地不願去找，有些人卻一直找不到。但也有人找到了，卻不肯出發，或者是他不知道自己找到了！

其實幸福真的就是如此，你不去好好重視它，日子也就一直過去，但真的好好想想，這樣的生活是我想要的嗎？我真正開心嗎？我沒有不安嗎？

不過我也是在有了好多的跌倒、反省，又再爬起來以後，才悟到這樣的道理。

對我而言，我在那個時候，發現人有幾項事情非常重要：

1. 身心　2. 事業　3. 學習　4. 家庭　5. 人際

對於幸福，也許不同人有不同的定義。

但有一個定義，應該是大家都可以認可的，那就是幸福。要包含一種均衡的狀態，如同我前面說過的，那五個人生重要的領域，這五個領域若有一個嚴重失衡，那人生就談不上幸福。

我覺得這五件重要的人生面向，就像同時在丟五顆球一樣，要怎麼調配好，是一個很需要用心去思索的問題：

想好了我要的是什麼？接下來你需要的是為自己規劃一張夢想的藍圖。

在健康方面，我期待看到什麼樣的未來？我要用什麼方法才能實現？我的事業要如何安排？才會讓我不會覺得都是

在為別人做事，為別人而活？這些面向，都應該一步一步去計畫。今天和你分享。我不是希望你就照這我的步驟做，做了兩天你沒辦法做到，放棄了，反而讓你氣餒。我期待你能擁有一套最適合你的方式，想好我的生活中，最重要的事情是什麼了嗎？

要怎麼做才能讓自己有一個幸福的生活，現在就用一點時間，為自己好好想想吧！我心中理想的全人生活是什麼樣子，我又該如何為自己打造一個屬於自己的全人生活呢？

人不只是要活著而已，更要活的健康，有足夠的精神體力去迎接更多的挑戰，不只是身體，心理的健康也是很重要的。事業可能是工作，也可能是你擁有的企業，簡單來說，就是你的收入來源，如何找到一份有發展性的好事業，更進一步，讓自己擁有可以發展潛能，滿足成就，而且樂在其中的好事業，是我們應該追求的。

人生當然也不是只有一直打拼，要懂得休息，停下來學習新的事物；懂得生活，在生活當中找到靈感，得到刺激。然而要成為一個更好的自己：

就要不斷的學習。

而家庭是你源源不絕動能的來源，家人也為了成就你而付出許多，我們要感恩回報，當然如果你有一位和你相依相偎的伴侶，那是何其幸運的，在感情中你會擁有不可言喻的喜悅。

而朋友則是你可以選擇的兄弟姐妹，他們像一面鏡子，可以映照出真實的你，自己卻未發現的一面；他們像一個打

氣筒，在你需要的時候為你鼓勵。人際方面也包含貢獻，雖然工作這件事，直接和你的收入有關，但我個人是能夠接受我的付出是可以不必有回報的。但，我希望它有價值，好比公益活動，雖然你不在其中得到收入，但你得到的將是超乎你想像的價值，這就超越一般所認定的人際網，而是包含對整個社會的愛。

▎課堂五：學習需要熱情，來自自發的動力

　　回到，本文最開頭，也就是我的人生按下暫停鍵那刻。在那個時候，我想了很多事情。以前我也是以為所謂學習，就是要成為第一名，就要去競爭，但當我生病什麼都不能做才開始思考時，我才開始想，學習難道不能是做自己快樂的事嗎？

　　就如同我在病床上，有一股生命的動力，激勵我努力去做，要去好好的活下去。

　　那股力量，就是「熱情」。

　　當我們有熱情的時候，彼時的學習，才會是真正的學習。而這股學習，最終會導引入你的人生職涯，當你的職涯從事的是你喜歡，你願意付出熱情的工作，那你的人生就既可以做自己喜歡的事，又可以追求包含財富及社會貢獻等的成功。

　　學習是一種不斷提昇自己，過程是很快樂的過程。同樣

要追求第一，但不是跟別人競爭得你死我活，大家都很累的那種第一，而是每天自己超越自己的那種第一。例如我是趙大鼻，我本就是獨一無二的，那誰來和我比呢？我就是要成為我這樣的人，我就是第一的目標。也許有人會說，那我已經是我，那怎麼能進步？

其實，現在的我，若說是趙大鼻 1.0 版，那我接著就是要追求趙大鼻 2.0 版。這就是人生的追求。

但還是回歸我前面說的「按下暫停鍵」，讓自己思考一下。每個人夢想目標不一樣，有的人是家庭，有的是人際，不一定都要是事業，例如有的人就是想追求快樂。不論如何，人生就是偶爾要停下來，想想自己要做什麼，你不一定要像我一樣生病才能思索，人本來都要停下來思索，其實仔細想想，每個人在人生過程中本來就有很多跡象告訴你自己需要什麼。例如：我原本我大學時代就知道自己喜歡畫圖，只是平常都被社會價值壓過，只有到生病躺在醫院時，才用心去拾起這個興趣。再舉例：如知名設計師吳季剛先生，他從小就愛玩芭比娃娃，但若他的夢想小時候就被打壓，那今天他只會是上班族，不會有現在的成就。

我覺得學就是要用，而不是一直學一直學，但沒有用到。

在心態上，要記得像水一樣，要倒空。我在演講時會遇到各種人，有的人會抱著「我看你要講什麼」的帶點挑戰的心態，那就是內心的水滿滿的，不肯虛心和別人學；有的人則誠心的，抱著我今天是來學習，就算只學到一點點也好的心態。如此就能漸漸改變人生。

每個人有自己喜歡的學習方式，以「態度」來說，我的

做法是把上課學習到十種態度，如感恩、不抱怨等……，將一年五十二週，週週設定一個學習態度，每周投入一個態度專心學習，一週後該正確態度已融入我的生活，接著投入下一個學習。另外，我每週也會安排去和對我有幫助的人見面……等，把想完成的事，依年度進度，一步步完成。

我會把一天切成很多段的學習，好比說我會把睡前，用來讀些軟性的東西，如勵志小語、名人傳記等，每天不多，但加起來一週就可看完一本書。早上起床時，則會去搜集最新的新聞新知。這只是我的方式，每個人可以依自己的情況訂定自己的學習步驟，來調整自己的學習。

學習的主題因人而異，在各行各業不同崗位的人，都會有他們要學習的內容，學習的安排可以是平日工作天，也可以利用休閒時間，輕鬆的學習。

學習可以是向上學習，例如，以我這行來說，我會經常拜訪及和專家請益，對象像是勵志大師、管理大師等。向下學習不是指職位的高低，而是指向晚輩年輕人學習，他們有他們那一世代的想法，我要多接觸，他們當中不錯的人，也有不錯的分享。

▌課堂六：成功的四個重要因素

我喜歡畫圖，在此我也用圖像的方式，來介紹成功的四個重要因素。

任何人要成功，最重要的還是如同前面所說的，要找到自己的熱情，有了熱情後，接著是以下四個要素。

成功的四個重要因素

K:知識knowled
A:態度attitud
S:技能skill
H:習慣habit

1. Knowledge (知識)

　　專業的基本就是知識，從事一個行業該懂的知識，必然是根本的需求，而隨著時代變遷，各專業領域也會不斷有新知，那就要靠不斷的學習。除了本行的新知，還要拓及週邊的新知，懂得越多，才能自詡為該行業的專業人士。

2. Attitude (態度)

　　態度需要學習，你對你從事的行業要很認真，很敬業，真心付出，這是對客戶的尊重，也是對你自己的尊重。

3. SKILL (技巧)

　　不論從事各行各業，都要有該行業專屬的技能，當一個人技能越嫻熟，就越能做出專業，獲得肯定。

4. Habit (習慣)

　　養成好的習慣，日益精進，在自己所屬的行業上，成為高手。

▎課堂六：感恩、轉念、正向

　　我經常在不同的場合演講，有時候在學校，有時候在企

業家聚集的社團如扶輪社，有時候在中南部，有時候也去海外。

不論在什麼地方，面對怎樣的族群，我的談話主題可能依對象不同而有所變化，有時是企業勵志，有時是心靈成長。但我一個共通的基本三信念，那也是印在我名片上的三個信念。

那就是：感恩、轉念、正面

我衷心的認為，我們每個人，包含你和我，都可以是別人的天使。

今天，我們心存感恩，我們的心也散發著慈愛的光芒，在不同的時空領域裡，我們一定也會是能夠幫助別人的人。

在我罹癌的那段日子裡，在我面對化療的痛苦和病魔纏鬥的歲月裡，我很感恩我的家人和我的朋友，那麼用心的鼓勵與支持我。在那段甚至我自己都準備放棄自己的時候，我有一次不小心聽到我爸私底下和醫生的對話。我偷偷跟在醫生的後面，在醫院的一個角落裡，我聽到父親用誠懇的語氣對著醫生說：醫生先生，我懇求您，如果可能的話，可不可以將我全身的血抽換給祺翔，我這輩子已經活過了；但祺翔的人生才剛開始，我願用我全部的生命，交換祺翔一個健康的身體。懇請醫生看看可否動這樣的換血手術。

當時躲在一旁偷聽的我，頓時熱淚盈眶。我立誓，我一定要讓自己的身體好起來，用一生來報答家人。

今天，你們大部份的人都有著健康的身體，你們現在不必在面對生死關頭時，再來想要對家人對身邊的人感恩，你

們現在就可以隨時隨地對他們說聲謝謝。

　　請真心感恩你的家人、朋友，也真心感恩這個世界，有那麼多各行各業的人，在不同領域裡奉獻付出，才能造就你現在每天便利的生活。

　　而無時無刻，你都要用積極正面的心來看待這個世界。以前，我也是個喜歡抱怨，時常犯錯的人。現在的我，仍然時常犯錯。每一次的演講，我也會想，這次哪裡講不好，下次要改進。但，和以前的我最大的不同，在於我心境上的改變。人生有挫折是嗎？以前或許你碰到挫折，就會說我怎麼這麼倒霉這樣不順。但現在，你要說，挫折，其實是你生活中一種偽裝的祝福。因為每個挫折後面，都包含著上天想要你更上一層樓的期許。如果一切都平順，那你又怎能發現到你有哪些缺失需要改進；沒有挫折，你又怎可能突破自己、改變自己。

**　　轉個念吧！讓所有負面思考，變成正面的意義。**

　　最終，讓自己是個正面的人。每個人的人壽有時，我們每天都要面對許多人，許多人也許這一生中和你只有幾分鐘的緣份，那你要讓那幾分鐘，給對方的印象是，你這個人是個怨天尤人，遇事不滿足的人；還是說，你要發散自己的正面思維，用笑臉迎人，給別人一個開心的印象，甚至你立誓要做別人生命中的天使，

**　　用你的生命熱能，溫暖一個個原本陌生的心房。**

築夢大師第十一號　**羅懿芬**

走出壓力，走向成功人生

　　從小，只要上臺講話就會緊張到昏倒的我，如何至今成為全臺灣各大學校社團、機構邀請的專業口語表達講師？在逐夢的過程，又要如何克服壓力與恐懼，把絆腳石轉變成墊腳石？

　　真實的人生道路很難都是康莊大道，改變態度、突破自我、成就人生，你現在就可以開始！

　　座右銘：存上進之心，去得失之念。

mail：loyifen0368@gmail.com

▍個人簡歷
卓越華人訓練團隊執行總監
社團法人中華民國健言社第23屆理事長
中華民國YANG大專生涯發展協會講師
新北市口才訓練協進會講師班主任
中華民國健言社第18屆國語金口獎冠軍
中華民國健言社第19屆奧瑞岡辯論冠軍
2011中華華人講師聯盟(ICSA)教學研發副主委
2012台灣名師贏家論壇-龍的傳人講師
2012 JCI世界大會創業家精神論壇主持人

▍專業認證
中華華人講師聯盟專業認證講師
社團法人中華民國健言社認證講師
新北市口才訓練協進會合格講師

▍授課經歷
各大專院校、扶輪社、保險公司、企業內訓、社區大學、各大社團等。

┃ 課堂一：不斷突破，創造新局

美國心理學家威廉傑姆斯曾說：「一個人在一生中所發揮的潛力，大約只是本身具有的十分之一。」換句話說，也就是大多數的人，因為沒有勇氣跳出原來自己設定的框框，終其一生錯過了人生另外十分之九的可能。

而我，也差一點就是其中之一。

從來沒想過，對公眾表達有嚴重恐懼的我，有一天會站在臺上，面對一、二百人參加全國性的演講比賽，還把冠軍獎盃抱回家；從來沒想過，向來膽怯、自卑的我會參加唇槍舌戰、競爭激烈的奧瑞岡辯論比賽，竟成為健言體系當年度冠軍辯士；更沒有想到幾十年來，只要一上臺就會感到恐慌的我，會穿梭在臺灣北、中、南各大社團、企業及大專院校，甚至遠到中國大陸演講。我是如何衝出原有的「十分之一」，邁向人生另外的「十分之九」？其中最大的關鍵，就是突破。

每到逢年過節，很多人都會用大家喜歡的生活狀況彼此祝福，好比「萬事如意」、「心想事成」、「平安喜樂」等等，因為每個人都希望自己的生活能夠無風也無浪、順順利利的，最好人生中的一切都能在自己的掌握中。

但，真實的人生道路很難都是康莊大道，難免會跌跌撞撞地遇到各種困難及考驗。這個時候，有些人會調整心態，想辦法面對眼前的一切；但有更多的人，會因不敢冒險而裹足不前。

　　從小我就非常害怕上臺，甚至曾在臺上緊張昏倒過好幾次，造成日後心裡很大的恐懼陰影。所以在往後的人生中，只要有任何可能要我上臺說話的社團及活動，我絕對不會參加；在上課程時，為了怕被老師點名站起來回答問題，眼神更不敢與老師交會，久而久之，心中對上臺的那種恐懼越來越嚴重，這要命的恐懼一跟就跟了我30多年。

　　直到有一天，我在街上拿到一張健言社訓練口語表達課程的DM，突然有個念頭——因為害怕、因為逃避，我的人生不知道已錯過多少事。但，不斷退縮的結果，反而讓心中囂張的「恐懼」氣燄越來越高。

　　當時，內心有個強烈的聲音不斷吶喊：「我不想被恐懼綁架一輩子！」我想讓自己有個挑戰「恐懼」的機會，沒想到這回鼓足勇氣的一小步，竟會是邁向人生新局的一大步，完全改變了我的一生。

**　　人生，若沒有突破，就不可能有新局。**

▎課堂二：改變現況，才能達成目標

　　這裡我畫一個簡圖，象徵人生的過程，不論你在人生哪個階段，都可以適用。

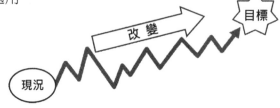

所謂現況，就是你「此時此刻的狀況」，包含你現在的狀態、地位、格局，包含你現在會什麼，以及更重要的，你現在不會什麼。

在圖上，從現況到達目標這個提昇過程，其實只需要簡單的兩個字：「改變」。

但實際上，許多人一輩子就是卡在這兩個字上，而因此困在當下的格局，永遠無法提昇。

以我來說，若我一直困在之前的「現況」，以為自己「天生」不擅講話，沒有任何的改變，那我直到今天仍會被關在那個過去。

就好像大部份人學騎腳踏車過程，從現況：不會騎，到目標：會騎。中間便是經過了「改變」。

當然，的確有人說自己是自然而然就會了，但對很多人來說，那過程通常都是可怕的：害怕車子倒了，害怕撞到地上受傷，害怕難以控制的車龍頭，只是那段過去太遙遠，在學會之後，當時的恐懼也隨時間淡化罷了。

同樣的道理，為何不能適用到其它事情上呢？

因為「害怕」的程度改變了。隨著人們年歲增長，給自己的藉口越來越冠冕堂皇，乃至於自己都能引經據典地說服自己：我就是沒辦法。

然而要從現況達到目標，就是必須要做改變。改變說來

簡單，執行卻困難，因此我認為可以透過以下四個步驟進行：

一、態度：首先要破除自我設限，「一朝被蛇咬，十年怕草繩。」

其實只是因為曾經有過不好的經驗，所產生的過度防衛心態。例如有的人因為離過婚，就覺得自己不適合婚姻，也不再相信感情；有的人曾經溺過水，就放棄游泳。

我很喜歡舉幼兒學習的例子，當小孩剛開始學爬的時候，不可能第一次用兩手就能平穩的撐起身體，一定是搖搖晃晃好幾次才能順利撐住身體，接下來兩手兩腳也要經過一次又一次的練習，才能找出適合的平衡節奏。持續不斷的嘗試、協調、運用四肢，最後才順利學會爬行，學走路也是一樣。這些學習過程中，每個小孩都會有過大大小小失敗的經驗，雖然每個小孩學習時間長短不一樣，但最後總能學會。

二、掌握：在破除掉「心理」界線後，再來就是「務實」面。

其實很多事幾乎都有前人的經驗可以依循，學習別人成功的經驗可以縮短自己摸索的時間，像是多聽相關的演講，有時一場演講是講師人生經驗精華濃縮的分享，非常值得借鏡與參考；另外，像是學電腦、口語表達、人際溝通……等等技巧，可以參加相關的課程，因為有個可以討論及詢問的團隊，會比自己一個人摸索來的輕鬆。

當你不再自我設限，而真正去研究後，就會發現很多你認為的困難，都已有人先面對了，甚至早已找到解決的方

法。在資訊發達的時代，相關知識及訊息的取得並不困難，可以多方收集，也許我們只是需要時間去熟練與學習，透過反覆練習，一定是可以做到的。

希臘哲學家亞理斯多德曾說：「我們會成為什麼樣的人，全看我們重覆做什麼樣的事。」

三、彈性：任何的改變初期大多會很混亂，因為要拋掉舊習慣、換上新習慣。

短時間內難免會不適應，甚至可能因頻頻出錯而沮喪，這時心態上保持彈性就很重要；此外也要了解，問題的解決通常不會只有一種做法，保持自我的彈性，改變的過程才會輕鬆。

記得在剛開始學習演講時，我就急著把老師教的所有技巧通通用上，結果上臺一緊張，記住演說內容，就忘了要怎麼站，記得眼神要環視，就忘了手勢要如何做——慌慌張張一團亂，表現得相當僵硬不自然，下臺後非常挫折，覺得自己很丟臉，之前花了好多時間做的心理建設一下子完全崩潰。還好有社友的鼓勵及引導，才沒放棄學習。每個人都有自己的學習時間表，給自己時間，一步步來，不要退卻，但也不要過於壓迫，適當的彈性，成效會更好。

四、敢夢、敢要：這第四個步驟，其實就是目標的設定。

聽起來很奇怪，但卻是最關鍵的一步。在規劃目標時，有人為了怕失敗或是怕自己沒辦法達成，而將目標訂得很低，像是在學習口語表達時，有人只是設定目標為可以上臺

說話就好，有人想要拿到金口獎比賽冠軍，有人則是以目標能成為一位講師而努力，當目標設定不一樣時，所投入的心力也會有所不同，目標越高越大，動力也會越大。

如果當初學習口語表達，我的目標只是設定自己敢上臺說話，今天的我就不會受邀到各地演講，也不可能擔任中華民國健言社理事長，更不可能有機會參與及舉辦各項全國性口語表達競賽活動了。

▌課堂三：把壓力當朋友，迎向人生新境

大家仔細想想，我們在人生面對各種挑戰時，最怕的是什麼？

是怕痛嗎？有些事是的，例如學騎腳踏車，但大部份事情，做了並不會痛啊？

怕危險嗎？有些事是的，例如高空彈跳，的確會怕危險，但大部份事情，和危險並不相干啊！

是怕被責備嗎？這比較有可能。但實際上，大部份事情做了也不會迎來他人的指責。好比上台演講，頂多就是無法講得十全十美，但除非故意上臺鬧場，否則誰會指著你的鼻子罵？

歸根究柢，不論是什麼事，我們常自我設限不敢去做的，其實大多只是怕面對兩個字：「壓力」。

「壓力」本身，其實不痛不癢，且大部份都是自己加諸自己的。就如上臺演講，壓力通常都來自於自己心底的聲音，像是「好丟臉，大家都在看我」、「天啊！我根本沒這

個能力上臺」、「糟糕！等下忘詞怎麼辦？」就是類似這樣的「心音」罷了，但很遺憾地，絕大部份的人就被這樣沒形沒影的內心聲音所侷限。因為害怕面對這些所謂的「壓力」，所以一直走不出困局。

很多人其實不知道，有壓力，其實是好事。

有壓力，代表你會在意自己的表現；因為在意，你便會用心；因為用心，你便能進步，能跨出你以為做不到的境界。

壓力看似敵人，但換個角度，壓力也可以是砥礪自我的朋友，朋友和敵人間只是一線之隔。有句話說：「壓力壓力，壓出潛力。」如果什麼事都輕輕鬆鬆的，那人生還有什麼意思？唯有進入困局，感受到壓力，你才有更新更高的目標，逼出自己的潛力，成就卓越。

但是，很多時候壓力並不是說面對就能輕鬆面對的。如何處理壓力，如何與壓力和平共處，也需要學習。而對每個人來說，「面對壓力」的方式卻不一定一樣，我自己也是慢慢摸索著適合自己的方法。有時候我面臨瓶頸，像是突然需要準備新領域的講題、時間不夠整晚不能睡、找不到適合的書籍或參考資料時，我會感到沮喪。而我面對這個壓力的習慣是找人聊天，談談我正需要準備的題目，找家人、找朋友，或是看一部探討相關議題的電影。一段時間的休息與壓力調適，反而能給我更集中的精力面對接下來的工作，甚至在休息當中能得到新的靈感與素材。

當然，每個人習慣的方式不一定相同，像是有人喜歡關

起門打開喜歡的音樂，有人想好好泡一杯咖啡，有人想換上慢跑鞋出去跑步流汗，只要是自己喜歡做的，都可以拿來作為調適壓力的方法。

我們要了解「壓力」的本質——它往往沒你想像得那麼可怕與嚴重；知道「壓力」的好處——那是讓你一步步成長的契機；學習調適「壓力」——知道緊繃到一定程度需要放鬆，以及自己最適合的放鬆方式。

人生的厚度，就是由壓力累積出來的。

▍課堂四：人生就是一連串的恐懼

其實，若要給人生一個定義。我下的定義，或許很多人會覺得很訝異。

我認為：人生就是一連串的恐懼
而成功與否，就在於你可否突破一個個的恐懼。

從小到大，我們都是在一個又一個的恐懼中成長，例如：學騎腳踏車，怕摔跤；學游泳，怕嗆到水；不敢表達不同意見，怕被排擠；參加比賽，怕落敗；新手業務陌生拜訪，怕吃閉門羹；邀約喜歡的人，怕開口被拒絕；想結婚，怕被束縛；要生小孩，怕負擔重；不借人錢，怕說不夠朋友；為了工作安定，放棄追求夢想；甚至買東西想殺價，怕

別人笑你小氣……等等。

　　人生，似乎無時無刻不在害怕。有的人是一邊克服恐懼，一邊突破自己，走了過來，甚至有了更不一樣的成就；有的人則在害怕中放棄了很多機會。我認為，一個人的人生，就是面對生活中大大小小恐懼的時候會如何因應的結果。這個應對方式與結果，成就了這個人會有怎樣的人生。

　　我很喜歡《灰姑娘的玻璃手機》這部影片中的一句話：「不要因為害怕被三振，就不敢用力揮棒。」

　　我在上課時最常與學員分享，學習口才有三階段：第一、敢上台，第二、勇於表達，第三、侃侃而談。

　　這三件事，哪件事看起來最難呢？

　　表面上是第三件，侃侃而談。因為連講話都不敢了，哪能侃侃而談？

　　但實際上，最難的其實是第一件事，敢上臺。因為「上臺」這一步是很多人最恐懼也最焦慮的部份，如果我們連走上臺都不敢，要如何學習口才？就好比學游泳，如果你不下水，再好的技巧、再好的教練都無法讓你學會。

　　分析很多人為何不敢上臺，其實只有三個字：「怕丟臉」。

　　我也是，一開始「想到」上臺大家都在看我，想到我將成為眾人焦點，想到我的表現會被攤在陽光下，我就感到恐懼。這一怕就怕了幾十年。但後來我試圖改變，努力準備並

逼自己上臺。當然一開始講不好，表情僵硬、肢體不自然，但至少我敢講了，可能表現有點慌，但慢慢的也就不慌了。台下的觀眾沒有改變，講臺沒有改變，我也沒有突然脫胎換骨。唯一改變的，是我內心面對恐懼的態度。

很多事情真的去做了，你才會發現其實所面臨的困難，被之前自己的恐懼和內心的迴音放大了多少倍。就像透過透鏡看著的惡魔剪影，等你真的走過去，你可能發現那只是一個給孩子的小玩具。

仔細想想吧，你想做的事，是不是最難的還是第一步呢？看到心儀的對象，不敢表達；有好的想法，不敢和老闆報告；想進修學習，怕年紀太大了被嘲笑。第一步的確是困難的，我從不否認這一點。只是我也希望各位要知道，踏出第一步的恐懼，往往只是被放大的假象。很多事情沒有那麼糟，做不好也只是回到現在所處的原點，不會有什麼嚴重的損傷，何不就勇敢面對、踏出第一步呢？

▌課堂五：表達能力是成功人生的必要

若是提到上臺演講，或許對很多人來說有點遙不可及，但是，如果能夠擁有「好的表達能力」，卻能在高度競爭的現代擁有非常大的優勢。

不知道各位是否記得，在前幾年，一場轟動全球的競選演說，不僅讓美國人看到了歐巴馬，也讓全世界注意到他，更讓美國因他改寫了歷史，誕生第一位黑人總統，其實當時

兩位總統候選人歐巴馬與希拉蕊，不論就政治經驗、人脈資源及個人知名度，希拉蕊都優於歐巴馬，但幾場公開演說，不但改變了人民的觀感，也影響了選票。

前哈佛大學校長德瑞克‧伯克（Derek Bok）在《大學教了沒？哈佛校長提出的8門課》書中提出，二十一世紀大學教育的八個目標，其中「良好的表達能力」就排名第一順位。

凡是在團體中可以脫穎而出的，往往離開不了表達能力。就算很會做事、很有想法，就算有很好的邏輯和組織能力，或者很了解某某專案的優劣勢，但是若無法有系統地好好簡報，或是無法在短時間內用口語表達清楚自己的規劃與思維，你的能力便隱沒在你未曾鍛練足夠的表達能力背後了。《華爾街日報》日前有一篇名為：「2013必備的四項工作技能」的報導，其中便明確指出，「清晰的溝通能力」是未來職場工作者所需要最關鍵的能力之一。

我想，全世界的老闆及高階經理人，沒有人可以用表達能力不好、或不敢上臺做藉口，不用簡報，不用溝通與表達，又可以把事業做得很好的。

在商業化的社會裡，表達能力是基本的要求，最常見到給自己的藉口是自己不會講話，還有個性內向等等。但，以我幾十年恐懼上臺的困境都能改變，相信根本沒有所謂「天生注定」不會講話這樣的事情。只有敢不敢突破，而不是能不能做得到。

如果本身有學養，沒法自我行銷，那是沒用的。你不能被動地站在原地，期望你那不知在世界哪個角落的伯樂，能如此巧合地發現你，更不用提你還不一定是隻能力位於世界頂峰的千里馬。

口語表達是種觸媒，能開展人生各種可能。讓自己成為會講話的人，先求敢講話，再進階學習如何有系統的講話。你可以自告奮勇的去接電話，可以試著在不同部門與同事間溝通協調，也可以去拜訪廠商與客戶，並且親自上臺簡報，和同仁、和老闆、和客戶，甚至和海外貴賓做簡報。漸漸你的同事和上司會發現你的改變，你也更能掌握你手中的資源。

任何人都可以做到的，別再告訴自己「我就是不行」了。

▌課堂六：突破自我，走向成功

讓我們回到前面，那張象徵人生的過程的簡圖。那條從現況到目標的線，要走完是非常不容易的，中間總是充滿了各種外部的挫折與內心的掙扎。但請記得，就算彎彎曲曲走不了直線，只要堅持改變，這條路永遠是會通到目標的。

我常用演講來比喻，「臺上的一小步，也是人生的一大步。」除了因為我本人的真實案例外，也是因為我真的覺得，演講，就好比是人生的縮影。我們每個人在工作場域裡付出、應對進退，其實就等於在人生的舞臺上表現自己。有些人退縮了，會給自己一個臺階下，這個臺階你我都常見，它有個專有名詞，就叫「抱怨」。

「抱怨」，其實是在合理化自己退縮的一種行為。「我之所以……就是因為……」覺得責任不在我，都是別人的錯，我不能達到某個目標，都是被人家害的，都是因為自己

天生不如人……等等。「抱怨」會讓自己，也會讓人與人之間更不安。如果一個團體中，有人感染這種氣氛，那連本來有心做事的人，也難免會心有猶豫。

你身邊有沒有這種人？肯定有。但是請努力讓自己不要成為這種人。

只要是人，都會有沮喪的時候，也都會面臨壓力，或是選擇面對輕鬆或乾脆放棄的誘惑。你可以安逸下去，那是你的選擇。可是如果你想達成什麼目標或夢想，退縮、放棄、抱怨都是你的阻力。當然你可以找一天好好發洩，但你心裡必須清楚知道，發洩完後你還是會整理心境回去面對。

請務必讓恐懼變成朋友，讓壓力變成能力。

讓我們看看身障發明家劉大潭的故事吧！劉大潭先生由於幼時被施打過期預防針的錯誤，雙腳嚴重萎縮，無法正常行走，只能爬行。但即使在這種狀況下，他仍然沒有放棄求學的想法，直到十歲，他的父親終於答應讓他入學。雖然在他的人生中，因為身體的殘缺，他遇到了許多挫折和他人異樣的眼光，可是他並沒有放棄自己，即使在工作中，也找時間不斷自我進修，朝自己的夢想邁進。劉大潭考量到臺灣機械業的環境，業界較不重視研發，而是重視績效，因此毅然決然地決定出來自行創業，由於他勇於突破，敢夢、敢要，至今已有超過百樣發明，更獲得多項發明大獎。

人的成長，其實就是不斷突迫限制的過程。每過一個關

卡,自身便會有另一種成長;而隨著自我成長,又會遇到更高等級的目標,於是再一次突破。用學習來實現成長,累積一次次你站起身來面對困境的經驗,最終便會成就你過去無法想像的自己,與一次次過關斬將中,累積起來的自身能力。這些成長所帶來的能力與智慧並不像金錢,不是任何人可以搶奪走的,隨時可以成為你追求另一個新夢想的根基。

如果你希望改變,不願困於現況,那麼,就去做吧!面對恐懼與挫折,你不會是孤獨一人。我做到了,那麼多人也做到了,突破自我走向成功,你也可以的。

4

樂觀積極不斷學習　成功有方法

築夢大師第十二號 **徐培剛**

快樂希望愛的分享家

快樂希望愛的分享家、圓夢教練
(以成為全世界最有正面影響力的分享者為志)

分享家網站：Pksuccess.com
粉絲專頁 ： Facebook.com/pkfans
台灣部落客 ： Google 徐培剛
大陸微博 ： 徐培剛分享家

▎現任

環遊世界圓夢大使 (持續到五大洲分享快樂希望愛)
中華華人講師聯盟(ICSA)／理事 暨 會員發展委員會／主任委員
管理雜誌／華人500大企管講師、清涼音文化／特約講師
中華民國大專生涯發展協會／理事、中華兩岸講師智庫／認證講師、
專業歌唱比賽評審、婚禮和活動主持人、歌曲創作者
激勵人生Blog文字作家(Google徐培剛)

▎著作

《激勵快樂「心」人生─選擇當自己情緒的主人》
《打造幸福「心」世界─學習當一位愛的分享家》
《擁抱豐富「心」視野─發現100種看世界的方式》
《做自己的圓夢大使》將於近期出版

▎學歷

國立科技大學土木與防災研究所／工程管理碩士
國立工專五專部&二技部(土木系)、私立復旦高級中學(國中部)

▌課堂一：學習絕對可以改變命運

此次有機會透過《成功有理 —— 15位大師的軟實力硬功夫》一書，和大家分享人生旅程的學習心得與體會，是培剛的榮幸。其實在投身「分享家志業」，從事公眾演講、學校教學和企業教育訓練工作這些年來，我深深感覺到「學習與成長」對一個人的影響，實在是非常非常的巨大。

還記得那天我在新北市大同育幼院裡，跟一群已就學的院生們交流，我微笑問眼前的可愛院生：「你有什麼夢想呢？」

這孩子專注看著我，很淡定地回答：「我想有一個幸福完整的家庭。」

這不只是他的夢想，相信也是世界上許多育幼院和孤兒院院童們的心聲，因為「家」對他們來說，或許是個模糊也遙不可及的名詞，在他們內心深處難免失落，覺得自己為什麼不能擁有一個完整幸福的家庭呢？

當時我心裡不禁一陣酸，但為了鼓勵他們，我很堅定的對孩子們說：「其實你們都可以決定自己的未來，但主要影響我們人生的關鍵要素有五個，分別是一命、二運、三風水、四積德、五讀書。」我還邊說邊把這段話寫在白板上。

簡單來說，就是指人生中五個重要指標和條件，而它們各自代表什麼意義呢？又可能被改變或掌握嗎？我深信答案絕對是肯定的，且容我一一說明如下。

【一、命】代表身世背景與自己的基礎條件：

我們出生在哪？父母是誰？什麼種族？家境如何？健康
條件如何？前世業力如何？祖蔭如何？自己的身心與常人有
什麼相同和相異之處等等……都是「命」代表的先天範疇。
但命好，不見得生涯就一定比較好，還是與我們自己面對的
態度有關，比方有些人家富而擁有優勢，但另一些人反而因
此成為養尊處優的敗家子。

【二、運】代表一連串變動的時間因素：

當我們的命因來到世間而被確立之後，後天的「運」也開
始隨時間而所不斷變動。有人說想要成功必須倚靠天時、地利
和人和，而天時就是指運的一部分。比方我們想去日本北海道
玩，錢繳了，假也請好，規劃全都完整，但日本卻突然發生了
311大地震並引發海嘯，所以這一切計畫都將因此停擺。

因此面對「運」，培剛建議：

1.無運時，累積實力等待時機。2.逢運時，發揮能力掌
握時機。3.逆運時，韜光養晦適應時機。

那便可將看似無形的「運」化為己用。

【三、風水】代表相互影響的空間因素：

過去我們以為「風水」指的是命理學常說的陰與陽宅風
水，非常複雜難懂，事實上風水講的就是空間，就是環境。
為什麼孟母必須要三遷？就是因為無論孟子的命和運如何，
只要他們一直住在墳墓附近，孟子自然就容易學會五子哭

墓；只要孟子天天看人殺豬，自然也覺得那是件有趣之事。

當然人不見得真正有改變環境的能力，但我們卻多少有選擇環境的機會，甚至我們也可以先從調整生活的環境開始，比方房間裡的擺設、整潔和燈光照明等等……。

【四、積陰德】代表透過累積行善所投射出的「迴旋」助力：

積陰德以古時候的看法，就是為善不欲人知，做善事本著單純之心，不是為了沽名釣譽，但我認為關鍵仍在於自己的內心。比方有大陸首善之稱的陳光標先生來說，雖然他看似為善必欲人知，是比較高調了些，但若他內心真能本著赤誠之心，用公開行善來拋磚引玉，我認為倒也算是在積陰德。

《易經》裡曾這樣說：「積善之家，必有餘慶；積不善之家，必有餘殃。」，司馬光也曾在家訓中說道：「積金以遺子孫，子孫未必能守；積書以遺子孫，子孫未必能讀；不如積陰德於冥冥之中，以為子孫長久之計。」這便表示我們投射出去的良與善，都將成為「迴旋」助力，幫助我們自己和後代子孫。

【五、讀書】代表透過學習他人經驗來改變我們的習氣。

萬般皆下品，惟有「讀書」高，是過去傳統的社會價值觀，古代人讀書是為了科舉入仕，但到了現代，我認為讀書真正的價值，不是在成績和功名，而是深刻的瞭解，無論我們原先的命、運和風水如何，只要我們努力讀「活」書，將其寶貴知識應用在人生之中，自然能改變命運改變習氣。

讀書不見得只能在學校讀，應該要培養積極自我「學習」的能力，比方成功企業家 Steve Jobs、王永慶、郭台銘和李嘉誠等便是很好的例子，但現在有許多學生畢業後，就以從此不用再讀書為快樂，那過去讀的書可真謂是白讀了。

因此，只要我們多「讀書」學習，常行善「積德」，就可以調整所處之「風水」環境，又可以審時度勢掌握機「運」，最後能真正的改變我們的「命」，其實不難，只要持續也認真「學習」絕對可以改變命運。

課堂二：透過閱讀為生命打開更多扇窗

瞭解學習對人生的重要性，與改變我們命運的關連性後，培剛要分享自己學習的角度和方式，其實學習是非常廣義的，如果我們能讓自己學習之路「既大且寬又自由」，就彷彿多開了許多道的天線、可以接收到許多有趣豐富的人事物。

比方學習可以透過靜態、動態和互動學習，但因篇幅有限，此次只能舉例分享，更多的分享內容大家可「Google徐培剛」參考我的網站或其它著作：

靜態學習：

閱讀書籍、欣賞電影、透過演講CD和DVD、聽歌、上網學習……等等。

動態學習：

自助或跟團旅行、運動健身、體驗活動、郊遊踏青…等等。

互動學習：

加入社團、參與讀書會、演講座談、信仰宗教、情境學習……等等。

以靜態學習來說，我是一個非常喜歡看書和看電影的人，因為閱讀可以拓展視野，讓你的思維和想像力可以不受空間區隔的遨遊到世界各地，甚至是瞬間轉移到宇宙的每一個角落 (念力遠比光速更快)；閱讀也可以不受時間限制，盡情漂浮在時光河流裡每一個你喜歡的片段，過去、現在或未來都可以，只要你好好的融入其中，就彷彿搭上了時光機並擁有了任意門。

每一人的生命是有限的，時間也是有限的，我們更無法走過與別人同樣的路和人生旅程，但當我們閱讀，就可以用他人的視野和筆觸去看看這個世界，特別是，每個人眼中的世界都不相同。

比方一本傳記可是濃縮作者一生的精華，我們短短花幾個小時，就吸收了作者最大的體會與心得。電影也是如此，每看完一部電影，我就覺得，我又完整走完了一生似地，用一個全新的角色，面對全新的生活環境，與全新的人相處，一起寫下了這個全新的劇本，總能受益很多。

從畢業到現在這些年，我閱讀過的書籍、雜誌竟累積超過好幾千本，當然數量並不是重點，這也不過是茫茫書海中

的滄海一粟，但光這一粟，就已經讓我房裡的活動空間受到很大排擠了，希望未來我可以買一個有超大書房的家，當我離開人世後也希望可以把所有的書捐出去。

實際上，閱讀對於自己內心與精神上的充實和豐富，很難用言語表達，通常大家都記得肚子餓要吃飯，卻忽略了精神和心靈上的飢渴，時間一久，便可能會嚴重的營養不良，影響了自己的生活與未來。

會養成每天閱讀的習慣，其實是在當兵時開始的，當時入伍約三個月後，我突然發現自己很明顯的變笨了，因為在軍中說一就是一，叫你左轉不能右轉的訓練下，思考力很容易僵化，畢竟最好的「服從」，就是不希望你過多思考的。

當有此深刻自覺後，我在軍中只要一有休息時間，大家看海賊王，我就看書；大家抽菸聊天，我就看書；大家搭車時睡覺，我也在看書。特別是當時在高雄燕巢工兵學校受訓，從岡山搭火車北上回家一趟都要4個多小時，常常在車上沒位置，我還練就了一身站在火車上，邊看書邊拿色筆畫重點，還幾乎不受車體晃動影響的好本領，久而久之，天天看書也就成了一種習慣。

很多朋友總期待自己能遇上貴人，其實書不就是我們最好的貴人嗎？希望大家多主動去遇見自己生命中的貴人(它始終一直靜靜等待著你去對話)，它可以教導你、啟發你、陪伴你、鼓勵你。

無論你再忙(那都是藉口)，記得少看點電視，少上點網，少發呆流口水，好好拉自己一把，花點時間閱讀吧，打開書就像打開人生旅程中的藏寶盒，它會為你的生命添加最

美麗的顏色，它會為你的人生樂章，譜上最動人的音符。

▌課堂三：用心領悟「五感」的學習方式

　　中國的造字非常有意義，比方你看「悟」字，不就是心＋五口(五感)，如果我們能用「心」地將學習「五感化」，便能以眼、耳、口、鼻和身當作最佳媒介，也就是透過視覺、聽覺、味覺、嗅覺和觸覺去學習，所以古人常說讀書時，要能眼到、手到和心到也是這個道理呀。

　　平常我出門講課都喜歡搭乘大眾交通系統，但如果像要到林口演講，搭車不便我才會選擇開車，既然開車時眼睛必須要好好看路，開車時，透過「聽」這些名師和專家高品質的有聲書，就讓車裡瞬間變成最棒也安靜的學習空間。

　　有聲書的好作品非常多，首先我要先推薦《陳志明博士——知識蠻牛系列》很棒，志明博士對培剛也一直是亦師亦友的貴人，他的有聲書是座富藏知識的寶山，值得大家多去挖寶。當然我們中華華人講師聯盟中，培剛很尊敬也欣賞的《張淡生——優者勝出》、《陳亦純——活得精彩 因為值得》、《鄭雲龍——身體智慧系列》、《沈寶仁——品牌人脈經營力》等許多貴人老師的演講有聲書也非常精彩有深度。

　　此外，華人世界最大影音有聲書出版機構「清涼音」，也有非常多名師演講值得推薦大家聽聽，比方傅佩榮、蔣勳、曾仕強、洪蘭、賴淑惠、陳怡安、楊田林、陳煥庭、陳

永隆、吳娟瑜、韓瑞信等名師……，他們的分享對我的人生都很有啟發。

清涼音創辦人洪木興社長是位非常謙虛又有理想的性情中人，培剛也很感恩在洪社長邀請下，近期已錄製也將發行《樂學分享家 系列有聲CD和DVD》。洪社長說培剛已創下了自「清涼音」成立以來數十年，最年輕的合作講師記錄。其實我是個平凡的「分享家」，但希望透過「樂學分享」，能讓聽眾和世界變得更好。

《激勵快樂「心」人生——選擇當自己情緒的主人》
《打造幸福「心」世界——學習當一位愛的分享家》
《擁抱豐富「心」視野——發現100種看世界的方式》

前面提到「悟」的重要性，《樂學分享家系列》這三個主題，也是培剛想提醒自己和大家，無論是談情緒管理、愛與關懷、發現 100 種看世界的方式或是任何的主題，一切都必須要先從「心」出發，才可能收到最好也最大的學習效果。

藉此，我也建議大家在學習時，一定要保持開放的心，因為「天底下沒有我們不能學習的對象，只有我們沒有選擇對學習的心態」，每個人都是本值得我們閱讀的好書，比方千萬不要因對方年齡小、資歷少或外觀看來不怎麼樣，我們便以貌取人，我自己就非常喜歡跟小孩子和年輕學生們學習，因為他們生長在21世紀，肯定比大多數的人，更懂得怎麼在這個世紀裡思考和生存呢。

▎課堂四：向企業客戶和學員聽眾們學習

每次受邀到企業講課，我也會默默的向客戶們學習，靜靜觀察並看看對方公司的環境如何規劃安排，讓員工覺得舒服或提高產能？看看同仁間的情感和向心力如何，又為何如此？看看領導和主管的學習態度和風格，和企業的競爭力有何關連？看看這個產業現在是往上走，抑或是遇到挑戰需要轉型？

其實雖然是去講課，但其實對我來說有好多可以學習的角度，可以跟學員們和聽眾學習，畢竟隔行如隔山，除了參考媒體或書籍的二手報導，這些第一手的學習機會，反而更真實也珍貴，因此我也都會利用課堂和課餘時間，跟大家互動交流。

比方2011年底，我曾經在《商業周刊》NO.1242 封面故事中，看到「潭子傳奇 1300人救活一個產業的故事」，只是沒想到一年後，我竟然有機會連續 2 天站在這間臺灣佳能股份有限公司中，跟故事裡提到的這些同仁們講課，而現在，講臺的下面已經有滿滿超過 1500 位員工了呢！

在講課過程，我邀請學員們分享自己的夢想，其中一位年齡可以當我母親的大姐舉手告訴大家：「我在公司好幾十年，感謝公司讓我賺到了三棟房子和三輛車，我的女兒也在這裡工作，我的夢想是，希望我的孫子未來也可以加入臺灣佳能，那就是三代都加入了。」

真讓人感動的一席話，也表示她多以身在這間公司為

榮，對照《商周》裡提到員工拿出自己的錢，來搶救公司得以持續在臺灣經營的內容，還真能感受到同仁對公司的向心力，的確「沒有不景氣，只有不爭氣」。這也值得我們和企業界當借鏡。

還有次受邀到曾榮獲「臺灣百大品牌獎」的 SINGTEX 興采實業股份有限公司擔任企業內訓講師，這間公司的環境規劃和企業文化也讓我印象深刻，從領導人陳國欽總經理和賴美惠副總經理開始帶頭，所有主管同仁都認真抄寫筆記，演講後還收到主管們寄來的感謝卡片，看企業未來，就要看他們對「教育訓練」的態度。

我認為 SINGTEX 已經走出一般人對紡織業「傳產」的刻板印象，而是間有創新、有品牌、有溫度的新時代企業，也讓我對臺灣的企業更充滿著希望，也證明無論什麼樣的產業，只要企業能透過教育訓練等方式，保持不斷學習並調整的好習慣，就更有機會在這個時代闖出一片天。

在講課時我有發問卷給大家的習慣，也很感恩大多數學員聽眾都願意填寫給我建議和指教，甚至也有許多人在我的 Blog 網站或 Facebook 粉絲專頁提問或寫下課後感想，讓我們有更多後續的互動交流，這都是教學相長，我也從大家的分享中，得到許多寶貴的學習機會，然後在 Blog 上記錄學習心得。

因此，若您已經出社會，無論身處什麼樣的產業，做什麼工作，都別忘了多跟主管學習、多跟同事學習、多跟客戶學習、多跟對手學習，好好珍惜公司裡所舉辦的教育訓練機會，感謝組織給我們磨練的機會，多問多聽多看多學，少聊

些是非八卦，降低批評抱怨，相信就可以為我們在職場上的競爭力和貴人緣加分。

▌課堂五：跳出舒適圈並為夢想而學習

　　害怕改變和挑戰，習慣活在舒適圈，習慣只接受所有已知的事，這是許多人的天性。然而，我們這輩子做對的第一件事，就是跳出舒適圈，哭著來到這個世界上，如果不這樣做，母子(女)都沒有辦法存活下去。

　　當然那一刻有點痛苦，有點不習慣，卻是我們新生命的開始。

　　我去演講時發現很多人不會游泳，我算是天生就不怕水，小時候爸媽帶我去了幾次游泳池和海邊，就自然而然有蠻好的水性，後來也加入國際紅十字會考到了救生員和救生教練等專業證照。

　　大家都知道現在地球暖化越來越嚴重，首先海平面上升就是持續發生的事，所以學會游泳還是很重要的，何況我們本來就來自水中，只是你可能忘記了自己的水性，或讓溺水的恐懼戰勝了自己。

　　我們太習慣生活在陸地上了，偶爾去游泳或在水裡泡一泡，那對身心健康都會非常有幫助，當你閉上氣蹲在水中，並蜷曲著身體，那就像回到母體一樣，我們可以聽到氣泡聲、波動聲和人聲，這也是一種體驗學習。

　　跳出舒適圈，Just do something different！是我人生中很重要的習慣，一直到現在我都會常常給自己一些功課，嘗試做不習慣的事、看過去沒較興趣的書、去沒到過的地方、傾聽各行各業的人說話。只要打開學習之心，生命也因此開闊……。

　　人生有夢，築夢踏實。願意跳出舒適圈的人，也比較有機會往自己的夢想邁進，人一定要為自己設定夢想和目標，目前我已跟出版社簽約正在寫一本書，書名暫訂為《做自己的圓夢大使》，就是希望透過這本書，提醒自己也幫助大家更有機會去圓夢，如我們在學習時可以配合自己的夢想，便會較有系統也更集中焦點。

　　像培剛有創業的規劃，就應多向經營事業成功的先進們請益，也好好參考和創業有關的書，並研讀相關產業的雜誌和資料，「系統化學習」對於我們來說很重要，否則市場上一有新書就不斷追逐，反而會讓我們分散注意力。

　　此外，學習不是亂學，看書也得挑書。古人有句話是這麼流傳的：「少不讀水滸，老不讀三國。」為什麼少不讀水滸？因為年輕人價值觀還沒正確建立，看梁山英雄對抗腐敗州官，動不動就舞刀弄槍，甚至打家劫掠的義氣之舉，很容易遇到些不快不爽之事，就想傚效他們動怒發洩，此書內容故事雖經典，但確實有誤導年輕人的可能。

　　而老不讀三國，是因為人既然年紀大了就該參考老莊或佛學之說，放下勾心鬥角的名利之爭，但三國裡有非常多的爾虞我詐和算計鬥智，正該要退休享受天倫之時，何苦再過度的計較東和在意西，不如好好的返樸歸真，反而更能自由

自在。

　　有許多人雖認真，但卻全心全意為賺錢和出名而學，求名求利不是不好，但切記「取之有道」，不要只想走捷徑，或想要取巧一步登天，就算僥倖暫時達到目的，最後都是要加倍奉還的，這點不得不慎呀！

▌課堂六：旅行就是最好的修行

　　旅行是培剛很喜歡的動態學習，旅行有很多種不同形式，可以直接跟團旅行，可以攜伴旅行，可以自己獨自旅行……有時候要在異地跟一群陌生朋友相互磨合，有的時候自己一個人，雖想用最開放自在的心情去感受世界，但卻又要適當地保護自己的安全，在這個過程裡充滿很多考驗，但卻也是自己成長的好機會。

　　我鼓勵大家要多多旅行，因為青蛙只有跳出井裡，牠才會真正看見自己的渺小，我曾經在埃及古夫金字塔前，讚歎眼前這座幾何建築物的偉大；更曾躺在法國巴黎鐵塔旁的草地上，感受人文浪漫的氣息；也曾在 18000 呎的高空中，體會高空跳傘看世界的角度；還曾在澳洲大堡礁的海底，學習魚兒們的悠遊自在……

　　除了本就喜歡旅行，培剛在幸運榮獲「環遊世界圓夢大使」的頭銜後，分享快樂希望愛到世界各地，更成了自己的一份使命和責任，希望可以讓更多外國朋友可以透過我的分

享和介紹，更認識和喜歡臺灣這片美麗的土地。

人生就像一場旅行，旅行就是修行，沿途出現的所有人、事、物和景色，都值得我們細細品味。而我的人生旅程還有很多要學習要探索的，除了用心感受，也應該要好好記錄，因為每一個記憶，每一個文字，每一張照片，就是活在當下和認真修行的最好證明。

▌課堂七：人人都是最棒的「分享家」

學習最大的目的，應該是為了讓自己、家人和世界變得更好，在培剛的名片和部落格上有這樣一段描述，用來提醒自己要「莫忘初衷」：

培剛將來會創業並做更多事，但，那都不重要……因為這輩子，我沒選擇職業，只選擇了自己的人生，我永遠都是個「快樂希望愛的分享家」，此生期盼成為「全世界最有正面影響力的分享者」，促使地球與人類往和平永續的方向前進！

這是培剛的願景和使命，「分享家」簡單來說就是：「無論你擁有時間、能力、金錢、知識、微笑或簡單問候……只要你願意用心並無私的給予他人所需，那麼你就是一位『分享家』。」

然而「分享不是能力的問題，而是意願的問題！」我總覺得在這已突破 70 億人口且仍持續增加的地球上，除了彼

此分享，就可能剩下戰爭這條路了。培剛想做的事很簡單，就是鼓勵人人都可以當「分享家」，願意把自己所擁有的良善和美好的一切，也分享給更多人和這個世界，透過持續的擴散感染，我們便可以在這個地球上共存共榮。

同樣的，《成功有理──15位大師的軟實力硬功夫》這本書中，有這十五位老師寶貴真心的分享，我們期盼能扮演蠟燭的角色，若我們能把您心中的蠟燭點燃，也希望您可以把這樣的光和熱，繼續傳遞給更多的人，最後也祝福所有讀者們可以樂在學習並享受分享。

第 5 篇

身心安頓
財富、人生都自由

築夢大師第十三號　江文德
▌【勇敢做大夢】
　做好自己 成就一切

築夢大師第十四號　周國隆
▌心靈魔術師～
　讓大家生活多采多姿

築夢大師第十五號　張祐康
▌利他無我、自由自在

築夢大師第十三號　**江文德**

【勇敢做大夢】
做好自己 成就一切

我願播種青年領袖種子

青年益友—金石堂排行榜「勇敢做大
夢」暢銷書作者

1994年在台灣錠嶧創立【我不崇尚名牌，
因為江文德就是名牌】，以突破性的「英雄退
位，團隊就位」迅速崛起，並於2000年成立中二營業處，成為台灣最
具知名度的業務團隊（樂活團隊：中二、中四、中六、中七、中八、
新竹、桃園、新板、台東、花蓮）。

在他的領導下，所屬的樂活團隊，如今不但是台灣保經界的第一
品牌，更屢創紀錄，一年保費收入高達十億台幣，他除了組織經營與
團隊激勵外，平衡的人生是他及團隊共同的事業理念。

「圓滿人生：家庭、事業都成功；樂活人生：大甲媽祖9天8夜步
行、35歲夫妻啟動環遊世界夢想（於十年中走過阿拉斯加、印度、英
國、俄羅斯、東歐、西歐等20國）、父子12天單車環島、四度泳渡日
月潭、百年登玉山、福京2500KM單車挑戰30天、世界壯遊——澳洲
自助行28天、全家機車環島15天」，已成為無數人競相仿效的目標。

▌現任

美國上市、亞洲最大錠嵂保險經紀人公司董事及執行處經理——樂活團隊（中二、中四、中六、中七、中八、新竹、桃園、台東、花蓮、新板）領導人

▌學歷／回饋

國家特考保險經紀人

圓桌企業領袖班第38期

大專院校全方位CEO培育社創辦人

華人講師聯盟創會員

逢甲大學第25屆銀保系會長

逢甲大學第2屆銀保系友會理事長

彰化高中校友會第1、2屆理事

朝陽、萬能、靜宜大學課程評鑑委員

彰中、靜宜獎學金暨馬來西亞慈善演講

▌事業／紀錄

全國最大／錠嵂保險經紀人(股)公司（預計2013年上市）

成立27年／人數：3000人／保戶100萬人／有效契約保費：每年262億元

▌創紀錄

第1位7M經理（現為11M經理）

第1位錠嵂第二代董事

第1位40歲前分出三個營業處

第1位「開創拓荒」的執行處經理

第1位連三年全國雙料冠軍團隊

第1位全國最績優單位電視專訪

第1位最年輕千萬年薪俱樂部會員

第1位校園演講「勇敢做大夢」破千場的達人

▌媒體／知名度

百萬本感恩護照代言人

電視：今晚哪裡有約／謝震武、吳淡如訪問

電視：保險理財大家談／60min專訪

電視：命運大贏家／馬妞訪問

雜誌：現代保險／如何行銷自己

採訪：財務顧問雜誌／全國最績優團隊專訪

百位師長推薦：青少年優良讀物---勇敢做大夢

台灣人奮鬥史三十位專訪者之一

▌演講主題

1. 勇敢做大夢

2. 1000=1000萬元

3. 父子12天單車環島導趣

4. 改變才有機會

5. 猶太人的致富聖經

6. 小小巴菲特──兒童理財

7. 如何成為有影響力的人

8. 橄欖球隊的團隊精神

9. 做自己與別人生命中的天使

10. 福京2500KM挑戰30天之悟

▎課堂一：暴風雨中的抉擇

在一個風雨交加的夜晚，你開車急速要回去溫暖的家。經過一個公車亭，站著三個人，正枯等著風雨夜不知道會不會開進來的公車。這三個人，一個是病重需要趕快看醫生的老人；一個是你的救命恩人，他是個醫生；一個是你的夢中情人。

當你的車子只能再載一個人時，你要選擇載誰？

是載老人嗎？發揮你的愛心！

還是載恩人，人活著要知恩圖報。

但還真想載那位夢中情人呢！雨夜中兩人溫暖地廝守車廂的小空間，是多麼珍貴難得的機會啊！

你的答案是什麼呢？

隨著每個人的價值觀不同，甚至隨著每個人當時的心情不同，答案當然是不同的。

答案沒有對錯。但請聽聽我的答案。

我會下車，把車交給恩人，請他載老人去醫院，我則在公車亭裡陪夢中情人，守護著她直到公車來 (若談得愉快，還可以直接陪她回家，哈哈)

這樣不是最好嗎？

老人得到醫生的安全載送去醫院，恩人也有車可以離開現場，並且感佩我的義氣，至於夢中情人呢？當然會被我臨機應變的智慧與雨夜相伴所深深感動囉！

這麼「四全其美」的事，你怎麼沒想到呢？

全世界企業家共同追求的目標：健康、快樂、成功！人生本來就能圓滿：事業成功、家庭幸福、身體健康，你同意嗎？

▍課堂二：凡事都有更好的解決方法

我想，一個聰明的抉擇，可以改變很多事情。在人生路上，到處都有這樣的問題。小時候，想要看電視、看漫畫、和鄰居哥哥去玩，但還得做功課的多重抉擇。長大後呢？更是事業、家庭、休閒、健康、社交等許多領域，難以兼顧。

聽說，做大事業的人，都沒空理家人，是這樣嗎？聽說那些所謂的「好男」人，皮夾子也是「好難」拿出來見人。是這樣嗎？

我或許不算頂尖成功的人，但靠著努力奮鬥，收入也擠進千萬年薪行列。但我會因此犧牲其它生活層面嗎？我現在家住台中，公司在桃園，那你就更覺得我不可能兼顧了吧！

請記得前面說的故事，想想有什麼可能的作法可以「面面俱到」。

其實，每個人一天都只有二十四小時，雖然也不會分身術，但我深信愛迪生的一句話：「凡事都有更好的解決方法。」所以我不僅把事業顧好，成為第一位最年輕千萬年薪俱樂部會員，同時也和家人每年出國兩次各一個月，送給兒子小學畢業的禮物十一天單車環島，完成福京單車縱騎三十天 2500km 自我挑戰，並且參與 1300 多場演講與公益活動。關鍵在於時間分配及做事哲學：

第一、全力以赴，專注一件事

在工作上，周休三日，周一到周四在桃園以事業為主力，周五到周日給自己與家人。凡抵觸者，一律無效。

重點不在你花多少時間工作，而是你有沒有「全力以赴」。現代上班族們，每天從早忙到晚，但有沒有問問自己，是真的有效率的在忙，還是忙給老闆看的。是忙出一定的貢獻，還是忙辛酸的。

所以，關於工作，不要再問說你花了多少時間，多辛苦了，要問的是，你是不是真的全力以赴，全力以赴的關鍵在於：「做好一件事，勝過百件未完成的事。」及「你不安排時間，別人就幫你安排時間。」

▎課堂三：與家人相伴，重質不重量

第二點，就是要「重質不重量」

我的作法，如何善用寶貴的每週三天跟家人相處？是時間「質量」上的用心提昇。或許不能每天陪家人，但我保證，當陪家人時，全心全意的對待。

所以，小孩的成長過程，在忙碌的事業生涯裡，從來沒有被犧牲掉，因為我很重視和家人在一起的品質。好比說孩子的慶生會上，爸爸到是到了，但一路從頭到尾都在講電話，人到心沒到。這樣，對孩子來說，他是真正有在陪他嗎？

對於家人，不敢說經常陪伴，但我保證，「重要的時刻」一定在場，並且創造感動快樂的時光。好比說孩子的生日、畢業典禮，或者老婆大人回娘家、結婚周年等等。必須記得清清楚楚，並且列為第一優先，也只有當這個時候，若工作與家庭衝突時，我會因此做出取捨，以家人為重。

由於平日的工作認真付出，總是交出好成績，因此我的客戶們及上司，也絕不會因這樣的取捨，而對我的信任打折扣。

我永遠記得，兒子小學畢業那年，承諾他許一個心願當畢業禮物，結果他許的心願，是要我陪他單車環島旅行。

對我來說，有困難嗎？承諾的事，一定做到，更何況是一生只有一次的小學畢業童年。剩下的就只是時間分配及授權的技巧，之後專心離開辦公室，陪兒子做了一趟紮紮實實的十一天單車環島旅行。

這件事成為我與兒子感動快樂的回憶。

經歷各種路程挑戰，印象最深刻的，在第九天，基隆往桃園方向的路上，早上天氣還很好，下午卻碰到傾盆大雨，和兒子一路在雨中艱困的踩踏，又碰到山路爬坡，非常困頓。就在辛苦的騎過一個小坡後，忽然發現，兒子沒有跟在後面，趕緊循原路騎回山腳下，才看到兒子一個人牽車慢走低頭哭泣。衝過去找他，他哽咽淚流滿面的說：「爸爸，我不行了。」我告訴他，爸爸在這裡，我會永遠守著你。在雨中我和兒子兩人抱在一起痛哭。當時他已信心崩潰，我是他唯一的依靠，這一刻，問自己，何謂生命？生命就是跟家人一連串笑聲、淚水、感動事件交織而成的鏈結。我們在雨中哭了一陣，終於再次站起，我在後，兒子在前，擦乾淚，繼續迎向前。

終於，我們成功的完成環島，而那段父子相擁的時刻，也成為人生中一段永難忘懷的幸福時刻。

▍課堂四：你這輩子為何而來？

彼德‧杜拉克曾說：「你這輩子為何而來？你想要別人記得你什麼？這個問題有助你脫胎換骨，找到人生的使命！」

如果我問你，現在臺灣的首富是誰，你或許會毫不猶豫的回答「郭台銘」。但如果我再問你，一百年前的臺灣首富

又是誰？你多半會答不出來，並且心中會問，那有什麼重要？

的確，那有什麼重要。現在檯面上的那些大財主，過了五十年、一百年，後人肯定大部份都忘記他們的名字了。

但，如果我問你，你聽過愛因斯坦嗎？你聽過牛頓嗎？你聽過哥倫布嗎？你當然都曾聽過，為何這些人有的已經過世數百年，甚至千年以上，你還是記得呢？

因為，人一生，最重要留下來的，不是財富，而是「影響力」

曾經在西班牙的教堂，看到一座被擺在很重要位置的雕像，雕像刻著四個人抬著一個棺材，一問，那四個抬棺的人，都是國王。那到底被抬的是誰啊？要出動四位國王，原來，那個人叫做哥倫布。他因為不凡的貢獻，帶領西班牙開創新的時代，因此直到後世，他都被如此尊崇著。

至於那四個國王叫什麼名字，導遊先生問所有的來賓，毫無意外地，大家都搖搖頭，說不出國王的名字，因為，那一點都不重要。

每個人都會死，死之後應該留下什麼？我的答案是：

「留下對人類有貢獻的影響力。」

▌課堂五：兩桶金來自於發揮「選擇的力量」

　　在那個年代，考上大學算是了不得的大事，家人也都大肆慶祝，家裡有大學生了耶！但後來人家繼續問，考上哪裡，一聽說是銀保學系中的保險組，大家臉色馬上就變得奇怪了起來。

　　畢業後入社會，曾經有機會進入銀行業，當個領薪水的上班族，但當時一位學長的概念改變了我。他鼓勵我：「成功的企業家都是從業務做起。」的確，大家只要用簡單的算術就可以算出來，如果你是靠薪水過活的人，現在一般大學生起薪只有兩三萬，也許你薪水比一般人高，五萬好了，假定你完全省吃儉用，一個月存四萬，一年加上年終獎金，存六十萬真的很不簡單。存個十年，竟只有六百萬。現在在臺北六百萬可以買到什麼好房子嗎？更別說，一般人是根本薪水沒那麼高，也無法每月存那麼多錢，那要買房子不是天方夜譚？人生不只買房子，你還得置車、結婚生小孩，擁有一定品質的生活，說真的，要以薪水來致富，那真的難上加難。

　　所以我一開始就選擇做保險的業務，比起一般上班族來說，初始的確比較辛苦，但這也是一種跳脫舒適圈的訓練。於是，努力加上一步步踏實的幹，在三十二歲，就已經年薪超過千萬了，這是我的第一桶金。

　　第二桶金一開始只是始於一個善念，為了幫助別人，後來反而自己得到好處。當初原本是幫學弟物色房子，因著台

中的地緣，很熱心的幫他找房子。後來，真的找到一間法拍屋，八十坪的好房子，只要480萬，條件優，不買可惜啊。

後來因某些因素，學弟反悔，不買了。而當初買屋找屋的種種過程，認識了一位張董，他被我為朋友辛勞的義氣所感動，因我願協助學弟先借予他480萬 (法拍屋預先繳現金)，於是，他就鼓勵我直接自己買。

後來這棟房子，買完不到一個月，轉手，又賺了一大筆錢，於是開啟了房地產投資的門。千萬千萬的賺，這就是我的第二桶金。

古云：「選擇比努力更重要。」也正如「男怕入錯行，女怕嫁錯郎。」不斷提醒我們：「人，最重要的力量，就是選擇的力量。」慎選之！

▌課堂六：做一個改變保險定義的人

賺錢只是人生的一種必經過程，因我深信：「如果我們能找到自己真正熱愛、具有使命的事業結合志業，那麼賺錢就是一件必然的事。」在2013年2月今週刊專訪時我提出：「要成為一位驕傲的保險人，讓家人以我為榮，讓客戶以我為傲，提昇保險社會地位，這就是我的志業」，一般人對保險的心態，還是負面的居多。如何提昇保險社會地位？在台灣有兩位企業家改寫了他們產業的歷史，值得效法！

我心目中尊敬的兩位知名的企業家：

一位是信義房屋創辦人周俊吉。

他做了什麼事呢？不只是因為他事業有成賺大錢，而是他改變了房屋仲介的定義。

早期，房仲是個社會觀感很糟的行業，就是中間人、牽線的、抽頭的。也常常有不肖業者，用很離譜的價格賺差價，中飽私囊。因此房仲一直是個為人垢病的職業。但周俊吉創立了信義房屋，改變了房仲生態，其它業者倣效，終於整體提昇了房仲業的社會形象。

另一位是王品集團創辦人戴勝益。

他的名字大家也很熟，是青年人崇拜的楷模之一。戴勝益做了什麼事呢？他改變了餐飲界的形象，在以前，做吃的，就是端盤子、服務生，感覺上是社會低階層的工作。但如今，王品企業，已被大學生列入最想投入的企業。

而我的志願，就是改變保險業的形象。

記得有一回買了一棟房子，那棟房子可不得了，他原本的屋主是可以名列臺中十大富豪的角色。但商場有起有落，曾幾何時，這位曾在商場上也是呼風喚雨的人，因投資及事業失敗，不知為何竟至一敗塗地，宣告破產。我就去標他的

法拍屋。

那時候剛入門不懂，犯了一個買屋的錯，就是在房子還沒正式交接前，我就開始去裝潢換門鎖，結果就收到法院通知，原來是那個前屋主要告我侵占罪。

這件事本來一看就知道不是明顯的惡意，事實上當天法官也是裁定和解為要。只是我看著那個屋主，是個和善的老人，不像故意要惹事的，可是那老者身旁卻有兩個一看就感覺是黑道的人，像警察看守犯人般簇擁著他。這才明白，其實不是那位屋主要告我，而是因為他欠債，債主想藉由興訟，看可否多多少少拿回一些錢。

看著被「挾持」的前屋主，我心中充滿感嘆。

心想，如果當初他從數十億中，投資一筆百分之一金額在保險上，那他就不至於像如今一無所有了。因為保險有法律保障，可以不被查封，不會因破產就被抵押或做其它處理（基於善意）。若當初他有買保險，那現在透過保險理財，他就至少可以過好一點的生活，不至於如此淒涼了。

就是類似這樣保險的常識，很多人還是不清楚，這是我的志業，去推廣保險觀念，造福人群。

我要成為一位驕傲的保險人，讓家人以我為榮，客戶以為我傲，提升保險在社會上的地位。

課堂七：珍珠奶茶定律

　　賺錢是人人都愛的事。但人人都想賺錢，真正賺到錢的人卻仍屬少數。

　　方法有錯是其一，有的人只「想」變有錢，但每天做的事卻和想法背道而馳，白天上班摸魚混到下班，下班後找酒肉朋友批評抱怨。這樣的人，再怎樣「想」，也很難變有錢人。

　　我主張的賺錢，是先要有夢想，賺錢排第二。

　　如同我在校園巡迴演講說的，我們要「勇敢做大夢」，也是我一本著作之名——《唯有偉大的夢想，才是促使人類靈魂向上提昇的力量》。年輕的時候，要在心中有個遠大的夢想，當你有了自己的夢想，不用別人強迫，你就自然而然的會投入那件事。全天下最容易賺錢的事，莫過於做自己最喜歡的事，越早找到自己夢想的人，越能投入夢想，而為了自己的夢想，人們也較願意「全心投入」，不斷挑戰自我。

　　有夢想的心，最有力量，不是嗎？正如：從「心」出發；從「自怨自艾者」轉為「自我實現者」；從「隨波逐流者」轉為「乘風破浪者」；從「空想呆坐者」轉為「進取力行者」；從「敷衍應付者」轉為「全力以赴者」。

　　金錢秘密：你所擁有的一切就是你所付出的一切。

在人生路上，許多時候，都是幫助別人，後來反過來幫助自己。我不是刻意去計較對方會給我什麼好處，但這就是命運的定律，當你用心去幫助別人，用感恩的心去看世界，結果這世界也會給你正向的回應。讓你變有錢人。

真的，我們人生中很多的成就，都是很多人一起付出才有如今的你。你不要把功勞自己攬著，那以後人家給你的資源就會越來越少。我喜歡告訴人們，珍珠奶茶的哲學。這是21世紀贏的最佳思惟。

當粉圓加上奶茶，會變成什麼呢？是一加一般，粉圓混上奶茶的合成嗎？不，是變成一個全新的商品，紅遍世界的臺灣名產珍珠奶茶。

人和人之間也是一樣。

珍珠奶茶公式：你的＋我的＝更好的

願朋友們以這樣的心態去待人接物，真心惜福，真心助人，這樣，當你和另一個人相加，就會創造出一種雙贏的新格局。

不論是要賺錢，不論是要圓夢，都能實現，正如美國激勵大師 金克拉所言：「幫助別人實現夢想，你的夢想也會成真。」

▌課堂八：我是宣言

　　有人曾經問世界首富：股神華倫•巴菲特，在他曾經買過的那麼多股票，以及投資那麼多的企業中，最佳的投資是哪家企業。結果股神回答：「投資自己」。

　　如果把自己當成是一個企業，要如何知道自己是否是績優股呢？有兩個指標：

　　第一個指標，看你身體健不健康？要如何健康呢？就是要做身體的鍛鍊。

　　第二個指標，看你的思想是不是積極正面？如何積極正面呢？就是要做思想的鍛鍊。

　　為何我們要做思想的鍛鍊呢？因為科學家已經做過實驗，我們每個人，一天中從早到晚，從起床到睡覺，每天會接收到上萬條訊息。

　　那麼就要問，這麼多的訊息裡，到底是正面的多呢？還是負面的多？結果科學家統計，有高達百分之八十以上的訊息都是負面的，諸如：我做不到、我不行、我不會等等。

　　每天接收的都是這些負面訊息，無怪乎大部份人的一生都是庸庸碌碌的。

　　我深信人活著，應該為贏而生，為成功而生，不該平庸的過一生。

　　請你們想想，自己是如何來到這世上的呢！

　　在最初始的時候，只有一個卵子，卻有無數多個精子。

而最後只有一個精子，可以打敗上億的敵人，脫穎而出，成功和卵子結合，於是生而為你。

所以，你出生就註定該是最強、最優秀的人。如果無法成功，乃因負面訊息遮蓋了你。因此，思想也要鍛鍊，我用二十多萬元學到一個方法，所以早晚一次寫了 436 天，並且背誦下來，與您分享。請和我一起每天勤唸或勤寫：

我是一位有智慧的人	我是一位有信心的人
我是一位有價值的人	我是一位善於溝通的人
我是一位有愛心的人	我是一位幽默風趣的人
我是一位有貢獻的人	我是一位遵守承諾的人
我是一位有能力的人	我是一位真誠的人
我是一位有創意的人	我是一位有素質涵養的人
我是一位快樂喜悅的人	我是一位平靜的人
我是一位親和力強的人	我是一位有責任感的人
我是一位全力以赴的人	我是一位有領袖魅力的人
我是一位做足準備的人	我是一位幸福感恩的人

凡早晚各寫一次，連續 100 天，可與阿德學長喝咖啡，到我寒舍，人稱豪宅，一小時無限暢談喔！完成者請洽秘書：03-3260329

5

身心安頓　財富、人生都自由

築夢大師第十四號 **周國隆**

心靈魔術師～
讓大家生活多采多姿

驚喜行銷&感動服務
超越客戶的期望 永遠比客戶快一步，
貼心服務才能讓客戶有備受尊寵的感覺。
一場驚喜連連的心靈饗宴 您將體會～
人生處處有驚喜，生命時時有感動！
網站：http://ainih.com
邀約：ainih@ainih.com
電話：0933-941999 0938-381687
特助：a0938381687@gmail.com

▌學經歷

- 政法大學民商法研所博士研究
- 台大商學研究所高階企業管理
- 凱旋法律事務所 總經理
- 久大聯合事務所 所長
- 歌隆國際事業 董事長
- 全球網股份有限公司 執行長
- Money Network 衛星電視台 董事
- 師範大學、宜蘭大學、信義社大 講師
- 世界華人講師聯盟 理事暨認證講師
- 孫中山國際基金會 秘書長

- 世界和平中立黨 中常委
- 國際同濟會 會長
- 大學聯合樂團團長 同濟管樂團副團長

▎現　任

年代電視台 營運主任

▎獲　獎

- 青年獎章全國優秀青年代表
- 中華民國成功企業經理人獎
- 中華民國傑出建築業金廈獎
- 中國企業教育百強培訓師獎

心靈魔術師──期許著開啟每個人的心靈

我喜歡表演一些魔術給我身邊的朋友看，我的目的其實不是得到他們驚喜的掌聲，而是透過這些魔術吸引他們的眼光，進而拉近彼此間的距離，讓他們願意開啟心扉，來場心靈的交流。往往我的見面禮是：翩翩風采朝您走來，瀟灑的一個鞠躬致意，伸出熱情的雙手和您緊握，突然發現手中竟然多出一張小卡片，卡片上寫著令您窩心的詞句。或者，當我手持優雅的手巾，剎那間空中竟出現了一杯紅酒端到您的面前，在你驚喜同時，我們已經拉近彼此的距離，「親愛的朋友，很高興認識您」。珍惜每次交會時綻放的光芒，照耀著我們每一天的精采，感謝有您陪我走過生命中的美好時光，即便只是剎那也可以都是永恆。

名人張小燕曾經以「心靈魔術師」來稱呼我，雖然不

敢以這個稱號自滿，卻以這樣的名稱期許，期許著開啟所有人的心靈，讓每個人都可以透過身邊的事物來感受，進而願意感動身邊每個人，讓每個人都能成為「心靈魔術師」，就如同一部著名的電影《把愛傳出去》，願意去幫助身邊每個人，讓大家都能把愛傳出去。

課堂一：執著的信念是前進的動力——我要賺錢

往往大家認為所有名人的成功，都是因為有著艱困的過去，進而引發他們奮鬥向上的心志，才能有所成就。其實不盡然，重要的是，他們都能抱定執著的信念，即使遇到再大的挫折，也不會被擊倒。

就如同暢銷書《秘密》一書所言，心中所想是成功的基石，那就是信念。

小時候的確深受成長環境的影響，爸爸是個油漆工，一個人要養長輩妻小九口人，我們租屋而居，日子過的非常辛苦。身為長子的我，小學時就得一邊上學一邊利用假日或課餘時間當童工，幫爸爸出去清潔打雜，載著油漆與工具和爸爸騎著機車(沒汽車)，不論晴雨寒暑在各地奔波。稍長後，我得把十餘尺過板(兩A型梯上架著過板，人站在過板上才漆得到高的天花板扛在肩上 機車不能載)，一手扛過板單手騎

腳踏車，後架載著漆具，有時碰到下雨天，一個不穩連人帶梯摔倒，漆灑滿地，大雨沖在臉上分不出是雨水還是淚水，好心路人幫忙扶起，只能揉揉傷口趕快回神，忍著傷痛繼續前進。我從小與父親外出工作時就很懂得讓客戶滿意，處女座的我非常愛乾淨，每次油漆完畢就會幫客戶整理清潔～買鹼塊燒開水洗廚房油汙，買鹽酸洗廁所……經常讓客戶很驚喜也非常感動，就會多算些錢給我父親，也因此成為父親的好友，還幫我們介紹更多的生意；像客戶尚永茂先生現年八十多歲了，視我如己出，四十多年來對我照顧有加，還認我當他乾兒子，至今逢年過節我會去拜訪他老人家，真心感謝他的付出！所以我從小立志「一定要好好賺錢，讓這個家過得更好。」而一生中，即使經過許多冒險，經歷過許多行業，這個改變家族命運的信念從沒動搖。

　　我常說：「談錢很俗氣，沒錢很受氣，有錢最實際。」但是我從不賺不該賺的錢，反而，我賺的錢往往是拿來幫助更多的人，我相信人的富裕，不僅於創造自己的財富，也要讓身邊的人能夠富有。你是否常抱怨說，自己能力很強但卻賺不到錢？

　　那我要請你先反問自己，是否有著不被擊倒的執著信念——「擁有強烈的賺錢心願」。

課堂二：充實自我、肯定自我——我是最好的

　　做人要感恩，感謝存在的一切，這是我的人生基本信念。不是教條，不是社交語言，而是真心發自內在這麼想的。回想起童年時代，我最要感謝的是一位影響我一生最重要的貴人，那就是我小學一年級的啟蒙恩師曾自生老師。我沒唸過幼稚園，不會注音、不會寫字、聽不懂國語、不開口說話，其他老師以為我是個自閉或智障的小孩，而只有曾老師願意了解我、肯定我、鼓勵我、安慰我，要我抬頭挺胸告訴自己：「我是最好的 我是最棒的！」下課時他一筆一畫教我讀寫，沒有因為我是個窮困的工人之子而看不起我，還讓我當上級長(現稱班長)及臺北市級模範生，親受市長表揚。他送我的是一生受用無窮的無價之寶：「做人的自信」。受他的影響，從小就自覺：「我真的是最好的」。我不在自卑中感時傷物，磋跎光陰，一路走來，要做就做最好的，我從沒有補習過，而聯考及各式證照考也沒落榜過，在職場上也算亮麗光采得心應手，做什麼像什麼，我把人生活得多采多姿，而最近剛過世的蔡謀樞老師以及現在仍常請我吃飯的洪世賢老師也是對我鼓勵有加，三位中山國小的恩師，五十年來我永遠永遠的感恩。

　　今天，不論身處何處，從事何種工作，請立刻告訴自己：「我是最好、最棒、最優秀的，做任何事都願全力以赴。」

　　也同樣鼓勵身邊每個人。如果你是家長或老師，那請你也記得要常給小孩們讚美、肯定、認同，在孩童幼小時期就先灌輸他積極正面的自我期許概念，那你將是他一生感恩的導師。

　　藉此機會特別感謝王志剛、林中森、黃光國、張處、陳定國、賴晚鐘、林有田、范揚松、劉承寶、蕭清輝、楊鄂西、卜貴美等許多老師的提攜！你是否常去感謝過去教過你的老師或者畢業後就忘了他們呢？

　　肯定自我，讓自己不畏挫折繼續前進；充實自我，讓自己更有自信，心懷感恩，讓自己獲得更多貴人。相信只要秉持著這樣的人生態度，你就擁有最佳的成功機會。

▍課堂三：運用人脈存摺──讓人脈幫你賺錢

　　純粹有自我期許的信念或發奮立志都還不會變成金錢。所有的金錢，一定都要來自於行動。而所有的行動，除了心中的強烈信念外，最重要的還是要懂得方法。大多數的人將眼前可以溫飽的工作薪水來維持生活，卻往往不知道如何開始賺更多的錢，市面上有關如何理財致富的書籍不勝枚舉，但我要分享的是我人生實際上的體驗。在我一生中經歷過許多行業，在每個行業我認識到許多朋友，那怕今天只是吃一頓飯，認識到的新朋友我都願意花時間去了解他們在哪服務、有哪些專業，而累積的就是人脈的資源。

在我小學時代就懂得請老師幫父親介紹油漆生意，所以我從小就知道透過人脈可以成交生意。

或許有時現階段結交的人脈，不會馬上運用的到，卻讓你以後擁有更多的資源。

其實人脈存摺就是以「資源共享」的方式，讓朋友間彼此的資源可以共享。比如說：你從事商業買賣有你的基本客源，你的朋友從事另一種事業也有他的客群，透過兩方的資源結合，可以提供雙方客戶更多的服務。不但可以將自己的商品導入他的客戶，另一方面也可將他的商品推介給你的客群。如果你有各式各樣的朋友，結合各種不同的資源，就可以拓展自己的錢脈，所謂「小富靠自己，大富靠團體」，團體指的就是人脈。請檢示你目前的朋友交際是否還只停留在聊天八卦的階段，那離有錢人的路始終還有段距離。

記住！累積「人脈存摺」時最重要的是自己給對方的印象，所以一定要能夠給予所有認識的親朋好友有所好感、有所信任，這樣你的人脈基礎才會穩固。我心中常有四句台語的口訣：「面要笑、嘴要甜，腰要軟，手腳要快！」謹守這個原則，用心拓展人脈基礎，事業一定可以有成。

課堂四：四種理財方式，改變你的人生

你一定聽過，最基本的賺錢方式有以下四種：

1. 以個人賺錢：全世界的上班族、勞工階級，所有領薪

水或按件計酬的工作都是屬於此類。

2. 以組織賺錢：開公司，聘請員工幫你賺錢。或者有很廣的人脈圈，帶給你很多的財源。

3. 以錢來賺錢：包括銀行或股票、房地產市場等。只要是投資，都屬於這類。

4. 以系統賺錢：最高的境界，是創造一種體系，例如：發明專利（全世界最有錢之一的微軟公司），創造智慧財；變成暢銷作家，持續有版稅收入；打造一種制度，就像保險公司之業務晉升制度等等。

大家不一定有能力開公司，但你一定要透過興趣找到屬於自己的專業，然後透過你的「人脈」來尋找到更多機會，求得更高的收入，會比當上班族領固定薪水來得更好。

多年以前我就是一名房地產理財顧問，上過電視做專業分享，靠房地產投資，我與父親在過往經歷中賺了超過上億元。我前面說過，我們小時候家境貧寒，我雖然是白手起家，然而賺錢的方式都是有計劃地進行，我個人快速致富達到目標的方法就是投資房子土地與多次談成合建的經驗。我曾住過臺北市泰順街62巷的老舊公寓，屋齡已久，多家住戶找過不同建商談改建，開了無數次協調會均無共識，六米巷道是蓋不高的，而我卻找來一流的建築團隊去和後棟面向大馬路的住戶，挨家挨戶談合建，過程中遇到相當大的阻力，數度幾乎放棄，但我的信念是：假如我不能，而我一定要時，一定要就一定能，即使不能整合一百多戶，我仍堅持一定要改建！就靠著這麼強烈的企圖心，終於克服各種挑戰，

讓我整合成功，蓋了榮獲城市最佳建築美屋獎的羅曼羅蘭藝術廣場，地上二十七層及地下三層，當時我們分到的那一戶就賣了四千多萬元，70年代這算是天價！我達成不可能卻一定要的任務，鄰居們都很感激我，也在此感謝昇陽開發董座簡伯殷先生當年的力挺，才能讓我在房地產有更多的成長及收穫。努力也許最後都可以賺到錢，重點是「速度」，如果能現在就開始行動，掌握前面所分享的心得（信念、自我肯定、人脈資源），會比七老八十才開竅來的有意義，你認同嗎？

▌課堂五：專業知識，是一切事業的基本

試想，透過人脈找到客戶願意接受你的服務，但後來發現你的提案一點也不專業，或者在服務客戶的過程問題百出，那麼所謂的人脈反而變成負面消息散播的管道，讓你的信譽掃地。再譬如：買房子不做功課，只單純地依照別人建議投資房子就想賺錢，結果在不好的地段以高價買到別人急著脫手的房子，不但賺不到錢，並且還可能被可怕的債務套牢，這一套可能就是一輩子。所以決定富貧的一個重要關鍵，就是專業知識的累積！

知識就是力量，你比別人多知道一點，就可以靠那一點來賺取你的財富。有的人靠貿易賺錢，憑的是他掌握了商品的買賣通路以及對商品的專業認識。有的人靠業務，但也

一定還是對所推銷的商品與市場領域有著非常深入的了解。我非常要求自己「做什麼就要像什麼」，從事某一行就要深入了解那一行的知識，讓自己成為專家，所謂「專家才是贏家」。我念的是商學院卻跨越到法律事務所當總經理，帶領著當時的團隊打贏許多跨國專利案件，也將事務所的經營範圍擴大到全國北中南都有我們的分所；而在房地產領域方面也曾經得到業界的最高榮譽傑出建築業金廈獎……。我不是要誇耀我有何成就，而是要大家知道，只要肯用心學習，你也可以在想要學習的領域擁有一席之地，那都會成為自己的專業。我現在推廣感動學、感動力、感動行銷、感動服務，就是要超越客戶的期待……永遠要比客戶早一步快一步，比客戶多想一步，出乎意料之外的讓客戶驚喜與感動！我在國內外的演講題目就是**「驚喜行銷與感動服務」**，分享感動人心的故事，對提升業績有非常大的幫助！以往我們學習的常是與企劃力、領導力、競爭力、行動力等等的相關主題，若能加上我的感動力，其影響力將有事半功倍之效益！

　　人生本來就是一個最大的學堂，我跟過許多世界大師學習，例如：安東尼羅賓、馬克韓森、亞布罕、伯恩崔西、哈佛艾克……只要盡力去學習，一方面讓自己的人生變得精采，一方面這所有的「專業」也都可以化成錢財，豐富你的生活，讓你更有能力追求夢想。請大家停下來先問問自己，你有什麼專業呢？有哪些專業是可以幫助你賺大錢的呢？

課堂六：愛自己的家人，也愛朋友及員工

　　一直提賺錢賺錢，好像有個錯誤的認知，以為我心中只想著錢。其實不然，在我一生中賺錢不是難事，我追求的人生理想不是只有賺錢，而是幫助更多人更進步、更成功才是我人生中更重視的事。

　　對於我的家人，不管是妻子、子女，他們都知道，每天必定要說的話就是：「愛你喔！」每天出門前、睡覺前很習慣的一句話也是：「愛你喔！」我兒子目前在美國唸書，用Skype通話時也一定對我說：「老爸，愛你喔！」、「早點休息，愛你喔！」、「要注意健康，愛你喔！」我也常對兒子這樣說：「卓越的周岳，加油！好愛你喔！」。你覺得說「愛你」很肉麻是嗎？一點也不，因為我是真心愛我的家人。儘管賺了很多錢，也很多人肯定我的成就，我卻失去了父親，沒有來得及對他說：「爸，我好愛你！」愛沒有即時表達出來，成了我一生最大的遺憾。如果你的家人還在你身邊，各位一定要趕快保握機會，對你的家人抱一抱及說說你心中對他們的愛。

　　我一生中經歷不少困難與挫折，幾年前弟、妹利用父親病危就醫的時間，把我與父親一生共同奮鬥賺來的數億資產，利用母親不識字以蠶食鯨吞方式，將龐大產權移轉出去，我並未繼承但我顧及母親感受及兄弟之情沒有提出告訴。老子說：「上善若水，水善利萬物而不爭。」水可以承受天下的一切事，廣納百川就是一種氣度，這也是我人生

的信仰，「比海洋更寬廣的是天空，比天空更寬闊的是胸懷。」做人是否成功，就看你有沒有氣度能包容一切。

　　在事業的發展上，不是一直都一帆風順的，我曾在國內外投資通訊科技網路產業，是全球網的董事長兼執行長，業務拓展到大陸、香港、馬來西亞及東帝汶等，但因股東用到不對的人做了錯誤的決定，也讓我造成巨額的損失。碰到逆境怎麼辦？再苦也要笑一笑，我覺得只要有著善念及專業，我永遠可以東山再起。那些曾經阻撓我、欺騙我、傷害我的人，何嘗不是另一種形式的貴人呢？因為他們讓我學到各種教訓，讓我可以避開下回的挫敗。

　　人生中有許多事情你可以選擇抱怨，但還是有很多的事情值得你去感恩。我善待家人熱愛我的家庭；我善待我的朋友，有好處一定不吝跟朋友分享；也善待我的員工，我常跟他們說，不要說我是你們的老闆，應該說我們都是家人，因為爸媽養我十幾年，但你們可能會養我一輩子，怎能不感謝你們呢？我在建立一個溫馨的家，員工是我的家人，客戶是我的貴人。

▎課堂七：人生的各種財富

　　人生追求財富，那是一定要的，若沒有錢，談夢想就會差一大截，但所謂的財富，並不是只有錢。在人生中很珍貴的財富還有：

一、追求知識及生活經驗

求知本身就是一種快樂，我喜歡參與各個領域的中學習，家中書架上也有數千本書供我參考，不論法律、建築、音樂、運動、文化、科學等我通通涉獵。而我最喜歡的是在每個學習過程中，從無到有的那種成長喜悅，尤其是名人分享的課程，在短短1～2小時的講堂中就能吸收他們寶貴的經驗。對於不熟悉的事物，我會盡量去搜集資料學習，一旦決定要投入一門學問，我會鍥而不捨的去追求答案，因為我有著好學的態度與不服輸的性格，做什麼事都全力以赴，而不管遇到什麼挫敗，我都能堅持向前，越挫越勇。而在追求知識的過程，對我來說就是一種快樂一種成就感。

我也很愛思考，例如：兩點間要怎麼連結？兩地間要怎麼到達？答案其實有很多種，而在思考的過程中，往往會讓我得到更多啟發，並讓我整個人的思緒不斷地活絡起來，進而讓我覺得渾身是勁。成功就是屬於有衝勁的人。

二、重視教育與學習成長

家人是很重要的資產，我愛我的家人，所以我很重視在教育上的投資。我對孩子，就以鼓勵替代責罵，本身是因為小時候碰到好的啟蒙老師給我自信，我當然也要用正面的態度來教育下一代。我教育他們除了愛與自信外，很重要的一點，我要他們學會獨立。當年兒子剛唸小學時我就訓練他自己搭車，我會讓他自己出門搭公車轉捷運，然後偷偷的跟在後面看著他，

甚至於孩子青少年階段就讓他去澳洲遊學獨自搭機回台，孩子高一去美國唸書，也是單獨一個人拎著皮箱，就到人生地不熟的西雅圖，自己找學校安排住宿，甚至自己打工賺錢養活自己。當遇到困難，會先讓他們學著自己去想辦法解決問題，不要依賴父母，訓練孩子有面對問題的能力。

不論發生什麼事，我會讓他們知道——爸媽永遠是他們背後最有力的支持者，兒子出國前曾自己寫信請教百度李彥宏董事長及華碩施崇棠董事長一些對年輕學子的建言，施董因而送他一台十幾萬的筆電；賴淑惠老師也贊助他出國的旅費來鼓勵他。孩子的獨力自主及成熟處理問題的能力就是我的財富。

三、生活中的快樂

我曾是交響樂團團長及小提琴手，也曾客串樂團指揮，考取的國防部示範樂隊交響樂團在國宴或全國各演奏廳及電視台，都曾與國際知名大師聯合演出過；在大學時代也喜愛各類運動，也參加過體操隊；興趣泛及潛水、騎馬、打高爾夫球等等。

認識我的人，很訝異我好像十八般武藝樣樣俱全，其實是因為我追求的是精采的人生，我希望的自己，是很會賺錢也要很會玩。我也期許年輕朋友們，成為一個玩什麼像什麼，做什麼就像什麼的人。人生不要虛度，要多方面嘗試，才不會白走這一生。

我把人生各種領域的體驗也視為一種財富，快樂絕對是一種財富，用金錢買不到的。在運動領域上，人家相信我是個優

秀的玩家；當我投入法律，人家肯定我是法學專家；當我在臺上表演音樂，人家認為我是音樂家；當我在林口國家體育館面對上萬觀眾的驚喜尖叫，人家叫我魔術大師；當我在國內外演講，人家贊同我是專業的Speaker。各種領域的學習，對我來說一點也不難，因為，我永遠樂在其中。

課堂八：人生智慧集錦

關於我的人生智慧，我要匯整幾句話送給親愛的朋友與讀者，這些話和賺錢或許沒有很直接的關係，但卻是有環環相扣的重要性！相信我，當你用心去過人生，配合我所講過的一些法則，財富一定會跟著你的。

人生智慧一：要有收獲，一定要懂得付出；小捨小得，大捨大得，不捨就不得。

人生智慧二：凡走過必留下痕跡，人生的過程永遠保持著熱情。

人生智慧三：慎獨，獨處時也要堅持自我的人格及形象，自然會散發給對方信任感。

人生智慧四：快樂像香水一樣，你給人家快樂，自己會先沾一些芳香。

人生智慧五：每天一睜開眼，就要告訴自己，這是多美好的一天啊！

人生智慧六：愛的最高境界是大愛、是真愛、是博愛。生命是流動，愛是流動的！多參與社會公益！

人生智慧七：心靈上的給予很重要！給予四境界：讚美他、肯定他、認同他、感動他。

人生智慧八：一定要感謝身邊的人！成就不必在我，將功勞歸於團隊。

人生智慧九：信念最重要！假如我不能，我一定要時，一定要就一定能。

人生智慧十：愛你達康的四大健康～健康的身體、健康的家庭、健康的人脈、健康的荷包。

最後，我將「愛你、愛家、愛地球」送給大家，希望你先好好「愛你自己」、「愛你家人」再「愛你我的地球」，當你善待自己與家人時，你也改變了全世界。 老外常說"I love you！" 東方人較含蓄不好意思說「我愛你」，可以先從對家人說「愛你喔 有你真好」、「愛你喔！加油」、「愛你喔！你是最棒的」開始，養成愛家人的習慣！我教老外學華語第一句話就是「愛你喔！你好嗎」、「愛你喔！幫我一個忙」、「愛你喔！謝謝」、「愛你喔！有你真好」……**請大家一起來推廣「愛你運動」（如同我的網站：ainih.com「愛你達康」），讓「愛你喔」代替"Hello" 成為全世界共通的語言**，也成為溝通的藝術，使這個世界充滿著和諧、互愛與關懷！讓愛深植每個人心中，讓愛傳出去！

築夢大師第十五號　**張祐康**

利他無我、自由自在

本名張祐康(Patrick Chang)，綽號黑皮(Happy)、柱子、派大星、派翠哥、美國派，師大附中205班，因深愛《少年Pi的奇幻漂流》，遂以少年派(Young Pat)為名，廣結善緣於天下。

臉書：www.facebook.com/patrick.chang.5015
Skype：Patchang33
官網：www.lcci.com.tw
手機：0937-525-891
微信：PatChang33
QQ：1405421595

經歷

　　少年派擁有美國賓州理海大學Lehigh University機械工程暨應用力學研究所碩士、國立政治大學國際經營管理IMBA碩士，英國ISO 9000主任評審員及英國LCCI商務英文培訓師FTBE證照。

　　專長為國際市場行銷、客戶服務管理、跨國企業併購、人力資源發展、國際生涯諮商輔導、工商企業專業英文、英文產品簡報技巧、身心靈潛能檢測開發。

　　現任英國倫敦商會考試局 LCCIEB 駐臺代表、全球職場顧問股份有限公司董事長、中華華人講師聯盟認證講師兼法制委員會主委、HiQ全人智慧檢測系統總顧問，少年派亦是國立政治大學 IMBA 校友會創會會長，全國百家企業培訓講座，曾任教於臺灣19所公、私立大學，並擔任15所公、私立大學課程審議委員、諮詢顧問。另曾經創記錄規劃執行了勞委會職訓局37項就業學程專案，目前從事公益性質的教育培訓與企管顧問工作，以「分享經驗，助人圓夢」為志業。

利他無我・自由自在

在少年派的異想世界裡
有一棵不知名的大樹
根在火星
幹在地球
枝繁葉茂在人間……

就讓少年派從火星人的角度，建議地球上的朋友，如何「築夢踏實，美夢成真」！

▋課堂一：定義自己的成功人生，作個自由人

常看到年輕人及學生在書店翻閱，在課堂請益，他們問著同樣問題：到底什麼叫作成功？如何追求成功的人生？

成功的確沒有標準答案，對每個人來說，成功的定義本就有所不同：有人想成為億萬富翁，但是賺到億萬元時就成功了嗎？有人想得到世界冠軍，但當比賽結束勇奪了冠軍，他就成功了嗎？成功之後又當如何？

宗教界、慈善界，雖然不以人們的財富衡量成就，但他們的人生如何才算成功？得到國際肯定的臺灣慈善素人陳樹菊女士算不算成功人士？若以世俗財富來看，她應該不算成

功啊！那到底成功應該如何衡量？

火星人少年派的觀點是：**能成為真正自由自在，而且發揮最大正向影響力的人，就是一位成功的人。**

少年派多年來在國際職場的經驗和體認，真正的自由可以分為四大層面，分別是：**財富自由、行動自由、時間自由、思想自由。**

每個人的人生目標與所求境界有所不同。有錢有勢的人，雖然財富花不完，地位崇高，名利雙收，他們卻可能不自由、不快樂！每天不是被工作、慾望綁死，就是被求財、守財困死，或是被空虛的心靈所苦死。相較之下，收入雖然不豐，但是能夠滿足生活基本所需，能和家人快樂相處，能做自己喜歡的事，這樣的人比富貴人士更能享受幸福成功的人生。

當然，我們也必須務實地說，財富有其必要性與重要性，尤其經濟不景氣，年輕人找工作不易，22K都未必順手可得。連生活都過不下去，身苦心也苦，這樣的人是一點也談不上自由自在，更是離成功很遠。

到底少年派強調的四大自由是什麼意思？

第一、財富自由
俗話說「為五斗米折腰」一個人再怎麼自命清高，沒有

錢，就是高不起來，所謂「英雄氣短」就是如此。所以人生的成功，首先還是要在財富上達到自主，可以不看人臉色，可以放膽說「不」！這裡所說「不虞匱乏」的財富，包括有形的錢財，無形的智財，以及靈性的資財，缺一不可。

第二、行動自由

身體健康，心靈充實，自己可以決定想做什麼就做什麼，也可以不想做什麼就不做什麼。許多上班族不愛上班，就是因為在職場上不能做自己。他們是老闆的財產，遷就於上司，唯命是從，無法作自己的主人！想要往東，卻不得不往西；想要活動，卻病倒在床上，動彈不得！這樣的人生，當然不是自由幸福的人生。

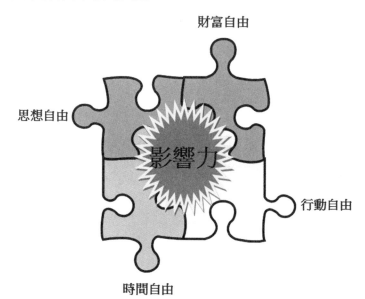

圖一：成功＝財富自由＋行動自由＋時間自由＋思想自由＋影響力

第三、時間自由

一個人有自主權可以調配自己的時間，相對來說就比較自由。一般而言，愈是有財富自由與行動自由的人，愈可以自由調配自己的時間！所以大家追求財富，與其說是追求金錢，還不如說是追求時間的自由。但是，不少事業有成的人，卻因此而失去時間自由，失去享受天倫之樂，甚至失去健康。這樣的人，就算有錢，也因為沒有時間，沒有自由，稱不上成功。

第四、思想自由

民主時代，表面上大家的思想都自由。但思想自由指的是有自己的想法，思考不被習性及環境綁住。現在的人，大多沒有自己獨立思考的能力，不是被輿論、流行牽著走，就是被旁人左右形同傀儡，或是被傳統習俗束縛，被不良習慣制約，被宗教教條、團體規範框限，心靈被牢牢鎖死，這些都算不上思想自由。

綜合上述，真正的自由，既能自由奔放，創意創新，又能身心自在，諸法皆空，達到孔子「從心所欲不逾矩」的境界。

藉著這樣的修為與自由，對社會及人群發揮最大的、善的影響力，這才是少年派所欣賞與追求的「成功人生」。

課堂二：放膽標新立異，叫我火星人

少年派的父母親分別來自中國大陸湖南長沙和浙江杭州，所以是在臺灣出生的外省第二代，也是道地的本省第一代！可是到了美國，少年派既不是中國人，也不是臺灣人，而被歸類為亞洲人Asian。由於個人修行的體悟，少年派總是笑著說，不要問我從哪裡來，也不要問我是哪裡人，如果要問，就告訴你我是地球人Global Villager，也是火星人Martian。

這不是笑話，而是一種格局、一種氣魄，一種敢於與眾不同的修為與自信！當然，這不是說少年派真的是被派來潛伏在地球的外星人。

要說的是：「人生的格局與視野！」

我們看著人們無意義的你爭我奪，這樣的人是悲哀的。例如新聞媒體報導政黨爭鬥，雙方都把自己的意見看得比天大，把對方的存在看得比螞蟻小，彷彿天地間最大的真理都在自己這邊。殊不知，在世人眼裏，個別國家只是個地方；在太陽系裡，地球也只是個小行星。如同一間小學教室裡的小朋友彼此吵鬧，根本無足輕重。

以空間來看，地球只是無垠宇宙中的一個小點。我們把視界放寬，世界各國的爭鬥，不就像是在池塘裡，彼此互搶食餌的魚兒？若以外星人的眼光來看，在這個美麗的藍色

星球裏，種族的衝突，國家的戰爭，彼此的攻訐，是多麼微不足道！不都是另一種形式的井底之蛙，如蜉蝣般轉瞬間消失，留不下一點蹤跡！

以時間來看，又是另一種景象！假設我們藉著時光機器回到過去，進入了石器時代，看到他們的生活方式非常落伍，但石器時代的人卻是渾然不知；而且因為差別實在太大了，他們甚至連一點點想像未來樣貌的能力都沒有。因此，若以長遠時空來看，我們現在的所做所為，未來的子孫可能會說我們幼稚可笑！

少年派之所以說自己是火星人，其實是一個隱喻，想表達的是，我們要抽離現有的時空，**從另一種「高度」來看世界。**

有人說人生是一趟修行之旅。我們的心靈可以超越時空限制，當下進入嶄新的境界，可以更接近生命的起源。少年派曾經數次穿越時空，回到前世的記憶，曾經在閉關自修時，探究天人合一的境界。當然，談到宗教、信仰、靈性等超自然的經驗，不是在這裡三言兩語可以講完。

所要強調的是：

追求成功，要拉大自己的高度，提升自己的視野，寬大自己的心胸，做人做事要更有氣度。當我們能夠突破自己過去的思想框架，格局自然也就變大了。而當我們站在超越時空的角度看事情時，不但看得更高、更深、更遠，也能更客觀、更完整、更開闊，如是提升自己到了一個立於不敗的境界。

▌課堂三：掌握通往成功人生的四大要素

追求成功為目標，使我們每個人都發願在這世上盡力。但不論是像少年派說的要成為一個「自由的人」，或者是人們所堅持的成功，我們每天都必須踏出生涯的步履，鍥而不捨。

通往成功的指南，只有四件事，也包含了四個問題。這四件事都做到了，成功自然會來敲門，缺一則與成功無緣。

圖二：通往成功人生的四大要素

第一、興趣——要問自己，我的興趣是什麼？

我們可以從世界上無數的成功案例中看到，人們在做自己有興趣的事情時，最容易投入全部心力。那些工作時會問幾點下班，有沒有加班費的人，做的絕不是自己有興趣的事。真正投入自己有興趣的工作時，一個人會廢寢忘食，任

勞任怨。而當一個人真心這樣投入一個事業，不成功也難！

興趣帶來熱情，熱情引發衝勁。十足的熱情，是犧牲性命也在所不惜的！

第二、能力──要問自己，我的能力是什麼？

「喜歡」，人人可以說自己喜歡什麼，但，會不會做，又是另一回事，而會做又有很多境界，是普通級還是專業級？是獨一無二的還是通俗俱知的？唯有真正對一件事有興趣，再加上有專業能力，才能打造一個成功平台，或者說賺錢平台。例如我們常聽年輕人說，她的夢想是「開家咖啡館」，浪漫是浪漫，咖啡館若經營得好，也可以賺到錢。但再問下去，問她會不會煮咖啡，懂不懂咖啡所有的細節，答案卻是否定的，那就是典型的有興趣，沒能力。如果願意學，所以會成長，因為成長，就會由不懂變懂，由懂變好，由好變精，由精變美，終而掌握專業，成為專家，型塑專門。

第三、機會──你看到機會，抓住成功的機會了嗎？

當我們有了興趣，有了能力，雖然可以逐步朝成功邁進，但此時仍然需要第三大因素，「機會」的幫忙。

這世界上許多成功的大企業家或專家名人，他們常常是在中老年後才得到現在的成就。故而在大部份的人生中，若是不能主動創造機會，至少還是要把自己準備好，等待機

會的來臨，例如大環境的機會，企業裡升遷的機會，以及更多學習的機會，更多結識貴人，建立人脈與好人緣的機會等等。只要諸多機會匯聚，所謂「時機到了」，就可一戰功成。

第四、因緣——要輕鬆的面對，我能隨緣自在嗎？

隨著年紀漸長，你會了解，所謂「人定勝天」這樣的話，激勵自己是很好，但終究要知道，人還是這大千世界裡渺小的一員，當碰到像921大地震那樣一夕毀滅家園，或者，前景燦爛的青壯年企業英才，一夜之間被病魔召喚，甚至突然心肌梗塞，連遺言都來不及交代就往生極樂世界。成功最後仍須繫於一件事，那就是「因緣」！也就是所有主客觀條件都必須具足，才能「種瓜得瓜，種豆得豆」。

只要我們盡其在我，找出自己的興趣，培養自己專業的能力，努力把握住人生每一個機會，以一種坦然淡定的心情盡力耕耘，肯定可以步步邁向成功。有了「七分靠實力，三分靠命運」的準備，就能隨心隨緣，既不執著眼前成果，也不在挫折考驗時怨天尤人。

▍課堂四：設定生涯目標，作到利他無我

我們看著人們忙忙碌碌，無非是追求更多的金錢，更大

的名聲。但你會發現，當我們拉高人生的格局，以時間長河來評量，眼前爭錢奪利的人，終究會消失在歷史裡；反而不以財富名位為成就依據的人，最後名留青史。

以成功的角度來看，會留下名聲的人，是具有這兩種關鍵力的人：一個是影響力，一個是行動力。

那些名留千古，並且在千萬年後還是有一定影響力的，例如耶穌基督、釋迦牟尼、莫罕默得、孔子等宗教及教育家，他們全都是超越時代視野，突破人生格局的聖哲。另外，還有蘇格拉底、牛頓、愛迪生、愛因斯坦、林肯、貝多芬、賈伯斯、比爾蓋茲……，以思想或行動改變世界，在各自專業領域裡，成為影響了人類生活的偉人。

至於現在的政治人物，或許能留下幾個讓人願意記住的名字，但絕大多數都將消失在時間長河裡。至於商界人士，那就更不用說了。一百多年前，二十世紀初的美國百大企業，到現在只剩一家 GE 公司，其它的不是被併購消失、倒閉，就是掉出百大名單，被其它企業所取代。

回歸到自身，我們要追求的終極目標還是「心的自由」。

所以少年派認為，要追求成功的人生，還是要從心靈的修持做起，並且拉高格局，把自己的人生目標，定位在更高遠的位置。少年派建議的這個位置，叫作**「利他無我」**。

　　當我們努力做事、用心付出，不只是為了增加自己的財富，更要朝利他的方向，希望自己有能力可以幫助更多的人，可以帶給更多的人幸福。當這樣想的時候，常常會有奇妙的事情發生，得到更多的助力。

　　隨著時間的變遷，價值觀會不同。例如：電腦的發明，今天的標準，明天就可能被另一種規格取代。商場上，今天投入熱賣的商品，明天就可能被人厭棄，不再奇貨可居。

　　但是只有行善助人這件事，永遠不會因為時空轉變而失去其價值，此所以宗教能夠經歷數千年而不衰。但若是只為私利，那些神棍、偽宗教領袖，終究會被世人拆穿真面目，落得身敗名裂。相反地，像陳樹菊這樣默默付出的市井小民，即便她不是什麼大師，仍然能夠獲得大家的尊敬與肯定。

　　孫中山先生曾說：

　　「聰明才智愈大者，當服千萬人之務，造千萬人之福；聰明才智略小者，當服百十人之務，造百十人之福；至於全無能力者，當服一人之務，造一人之福。」我們應當設法讓自己成為可以造福最多人的那種人，就好像臺灣首富郭台銘先生，他能力強，眼光準，把事業作大了，創造很多就業機會，影響很多人的生活。慈濟、法鼓山、佛光山、世界展望會等志業、道業團體，影響力更大，可以造福千千萬萬人。

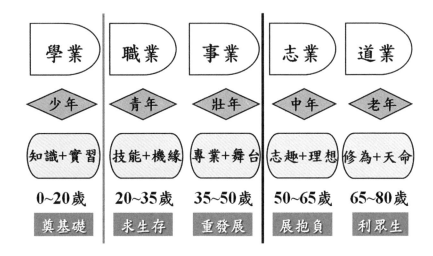

圖三：0～80歲——生涯發展三階段五部曲

以「利他無我」做為成功的境界，就可以成為影響力很大的人。雖然我們不以金錢為目標，但是當我們成為有影響力的人時，財富與資源自然會源源而來，使我們變成另類的「有錢人」。此時，財富轉換為「附加價值」，並且因為它非強求而來，所以更能保持長遠。

課堂五：力行終身學習，追求永續成長

常有人問少年派：「賽跑會有終點，設定成功目標會有達到的時候，達到目標後，人生要怎麼辦？到時再設立新目標嗎？」所以說，我們的格局要寬廣，設定的目標，是「利

他無我」。這世界上，永遠有需要被幫助的人，永遠不會有達到目標後，人生接著該怎麼辦的問題。

也有人問：「如果永遠達不到目標，那人生不就是永遠失敗？」其實，這是以功利角度來思考。倘若以服務人群角度來想，就不會有這樣的結論。若要回歸本身，為自己設立一個衡量的標準，少年派建議將「成長」做為人生永遠的目標。也就是說，**對外要追求「利他無我」，對內要追求「自我成長」**。總體來說，我們要設定成長為一個完全自由的人，做到財富、行動、時間、思想自由。

　　要達到自我成長，從助人的角度來說，就是今天我幫助的人比昨天多，明天我有比今天幫助更多人的能力。追求自我成長的方法很多，但總歸只有兩個：

第一、學習──終身學習！

　　我們設立目標後，接著就要加強自己的專業。唯有自己的能力更強，才能成就更大的事業，也才能幫助更多的人。就以剛剛提過的有人要開咖啡館來說，要學會沖泡或現煮咖啡，還要會分辨各種咖啡的口味，沖泡更多種特色咖啡，變化出更多配方，讓顧客時時有驚喜，處處願意幫忙宣傳。而除了世上現有的咖啡都會調製之外，甚至可以創造更多創新的咖啡品味。其它像是店面裝潢、菜單設計、店內音樂選擇、咖啡館網站、行銷手法、品牌建立等等，還有太多的事可以學，需要學。所謂學無止盡，就算開一家店該學的事都學過了，還是可以學習如何拓展通路、開設分店、擴大市

場、異業結盟，走向國際化等等。

記得，每一個學習，都將為你的成功加分，再加分。

第二、分享——無私分享！

提到學習，大家都知道，反正就是多學點，學重點，總是對成功有幫助。但是提到分享，人們或許就會好奇，這跟追求自我成長，跟追求成功，有什麼關係？

這又要回歸到我們人生追求的目標：「利他無我」。既然要利他無我，很重要的一件事，當然就是分享。有好的事，願意把自己的快樂分享給別人。賺到更多的錢，也不吝惜分享給顧客及員工，讓他們也享受更多的福利。這樣才會形成善的循環，也才能結合更多志同道合之士，共同幫你成就事業。

以少年派的經驗，我們愈真心願意付出，愈不在意結果，就愈能得到更多的助益。以現實的角度來說，好比那個開咖啡館的例子，當我們將自己的想法和更多人分享，他們也會提供更多經驗回饋給我們，而在這些反饋中，很可能就有自己本來想不到，卻是未來成功關鍵的新點子出現。

總的來說，不論是學習或分享，都是人生一種學習的過程，而且是要終身為之，持續不斷，才能產生加成效果。在整個過程中，我們都正面思維，正向思考，正面行動，正向加持，終究可以得到永續成長的果實。

▌課堂六：善用成功人生的四大法則

　　追求成功人生，我們談到了終身學習，自我成長。所謂終身，就是沒有預設底限，活到老，學到老。所謂學習與實踐，少年派喜歡以現實人生中的學校教育體系來做比喻，分別是小學生的吸引力法則；中學生的感恩法則；大學生的祝福法則；以及研究所階段的貢獻法則。

第一、吸引力法則 Law of Attraction

　　我們時常強調，要正面思維，正向思考，聚集正面能量。如同著名的《秘密》這本書所說，當我們專注在一件事時，整個宇宙都會幫助我們。其實物以類聚就是「吸引力法則」：當我們是一個思想正面，願意幫助別人的人，我們在人際圈裡一定也會有很大的吸引力，自然會吸引很多具有正向能量的人，成為幫助我們成功的貴人。

圖四：成功的四大法則

第二、感恩法則 Law of Appreciation

如同前段提到的，大家都是幫助我們的貴人，所以與人相處時，要真心對待，心存感恩。

要感謝教你的師長！包括學校裡的老師，職場裡的師傅，前輩、學長姐等。

要感謝愛你的親友！他們支持你，在你碰到挫折時鼓勵你，永遠不離不棄。

要感謝傷害你的敵人！這點雖難做到，但真的要做到。因為有競爭對手，讓你時時警惕，加強實力。因為有攻擊你的敵人，讓你可以聽到朋友們可能不會對你說的缺點。要感謝生命中所有曾經傷害過你的人，那些人帶給你不同的人生體驗，讓你成長，得以經歷失敗又重新站起來。

要感謝每天在不同場合遇到的陌生人！他們之中大多數的人，你這一生都將不再見面，但在交會的那一剎那，他們給了你幫助，值得你用心感恩。這包括：公車司機、指揮交通的義交、送信的郵差、提醒你拉鍊鬆開的路人……，都值得感恩。

第三、祝福法則 Law of Blessings

前面提到的吸引力法則及感恩法則，都不夠主動。你的魅力，吸引人們來接近你，而你也懂得要對身邊的人心存感激。但是要進階到大學階段，**散發你的能量，將所有的善意，變成一種祝福。**

感恩只是我們心念上的一種善念，但祝福則是一種發散的行為，我們在心中誠心的祝福，祝福朋友們都幸福快樂，祝福客戶們都很滿意我們的產品與服務，都可以享有更好的生活品質。

你甚至祝福你的敵人，雖然他們曾經對你不好，但你仍願意看到他們在各自的領域有更高的成就，可以和你一樣也幫助很多的人。

當你的心進階到願意主動為別人祝福時，你也自然而然散發出一種動人的光輝，你的成就將更上好幾層樓。

第四、貢獻法則 Law of Contribution

當你的人生進到「貢獻」這個境界，就好像佛陀從菩提樹下的頓悟中出來，步入平凡的人間，教化眾生「離苦得樂」。你終究將以「力行」來實現你的人生價值，此時，感恩不只是一種心境，感恩已經落實在生活奉獻之中。

當隨著你的能力愈來愈強，影響力愈來愈大，你將不只是個「在心裡為對方默默祝福」的人，而是「服千萬人之務，造千萬人之福」的人。

當你是這樣的人，確定做到正向、感恩、祝福、貢獻，那麼不論以怎樣的定義來看成功，你都已經是一個成功的人。

▍課堂七：提升個人境界，心不想而事成

　　所謂成功，到最後連老天爺都在幫你，整個宇宙時空都在幫你。其根源是你的善念，願意「利他無我」，過程中，你用學習及分享的方式，透過四階段的學習法則，努力追求自己成為一個心境上自由，實務上能幫助更多人的人。

　　這最後的結果，就是「心不想而事成」！

　　你本來只是想幫助更多人，結果也同時成為千萬富翁。你本來只是想盡一己之力，貢獻得更多，後來你也成為這社會上廣受尊敬的人。當那些汲汲營營，想方設法，爭名奪利的人，可能已經被各種浪潮打到浮不出檯面，後來真正發光發熱的是你。

　　而所謂「心不想而事成」的「心不想」，就是「無我」。

　　「無我」，絕不等同於「無知」。事實上，你還是要愈懂自己才愈能貢獻自己，要清楚自己先天後天的能力，才能不斷自我成長，知道今天的你比昨天的好。

　　「無我」，也不是指「知覺上」的無我，不是指學習中的無我，而是**指在心境上、定位上，忘卻自己的私心私利，把自己當成工具，作為一個服務眾人的角色**。做任何事，最高的境界是不把自己放在首位，而是以眾人福祉為主要目標。

　　簡單的一句話來說，就是讓自己成為「**公共財**」。仔細想想，我們所認識的影響力很大的人，哪位不是「公共財」呢？

　　當一位總統，必須為整個國家奉獻，是國家的「公共財」。當一個企業老闆，不能說員工是他的財產，應該反過來說，他是員工們的「公共財」。而當企業主不只是單一企業的老闆，也可以擔任協會、學會或公會等的主席或重要幹部，他就是讓自己成為可以影響更多人的「公共財」了。

▌課堂八：定靜安慮得，淡定自然成

　　《大學》中說的境界：「大學之道，在明明德，在親民，在止於至善。知止而後有定，定而後能靜，靜而後能安，安而後能慮，慮而後能得。」，其實就是標準的人生成長歷程，而我們所追求的目標就是「止於至善」。

　　所謂「止於至善」，因為至善是一個不斷提昇的境界，所以人生要不斷成長。而學習的過程，就是「定靜安慮得」，**整部《大學》，就是成功人生的心法。依「定靜安慮得」步驟，人生如何學習與成長就很清楚了。**

　　以「心法」來闡釋人生，是更加進入內心層次，這牽涉到人生的修為，牽涉到人生的體悟。

　　知止而後有定，所有的「定」都是成立在「知」後，因此，我們要不斷充實自己，讓自己成為「專業」，甚且成為「專門」，才能打下成功的基礎。

定而後能靜，進入冷靜思考，平靜分析，客觀設定目標，落實心靈提昇。

靜而後能安，安心專注於成功目標，並善用吸引力法則、感恩法則、祝福法則、貢獻法則，不再心猿意馬，不再朝三暮四。

安而後能慮，思慮敏捷，考慮週全，日新月異，不斷進步，見樹也見林。

慮而後能得，這裡所謂「得」，也就是成就我們所追求的成功人生。

▌課堂九：把愛傳出去，把宇宙納進來

少年派說過，你們可以叫我「火星人」，在心靈境界裡，我們要追求的是超越現下時空格局，進入宇宙同心的天命，我們每個人都可以成為「火星人」。

這個三千大千世界真的很大，大到我們難以想像。而每個人都真的只是「冰山一角」，我們所看到的世界，都只顯露出很小一部份；我們的潛能，也只開發使用了一小部份。還有很大很大的世界，等著我們去旅行，包括生死輪迴；還有很多很多的能力，等著我們去開發，包括 Howard Gardner 的八大智能，以及超越科學的各種未知領域。

　　當我們超越本身的格局,看到時間空間如此寬廣,就會覺得在有限的生命裡爭名奪利是可笑的。真正該做的,就是將自己的永續生命,當成時間長流中的一小段人生來經營,在每一段人生中,持續付出,持續奉獻。

　　做到**「財富、行動、時間、思想」**四大自由,發揮影響力,造福更多人。掌握**「興趣、能力、機會、因緣」**四大要素,成就自己,成就他人。依循**「吸引力、感恩、祝福、貢獻」**四大法則,終身學習,佈施分享。透過**「心存善念,發揮善意,廣結善緣,力行善事」**四大方式,把愛傳出去,影響更多人。

　　這樣定義出來的成功人生,將是更有格局的成功人生。

　　最後,且以我自己牆上的兩首詩,和大家共勉:

人生半嶺日啣山　　　　宇宙穹蒼萬點星

峻險巉巖未可攀　　　　一介凡夫探霄雲

仰望上天垂護祐　　　　凡夫群星長相映

此身猶在太虛間　　　　宇宙穹蒼萬點星

圖五：太陽系各大行星關係位置圖(特別感謝作者WP於維基百科無私分享這張圖片)

資料來源：http://upload.wikimedia.org/wikipedia/commons/a/a9/Planets2013.jpg

圖六：天地浩瀚，宇宙無垠，在銀河系中已難見太陽系蹤影(特別感謝作者Brocken Inaglory於維基百科分享)

資料來源：http://upload.wikimedia.org/wikipedia/commons/e/e5/Milky_Way_Galaxy_and_a_meteor.jpg

圖七：把愛傳出去

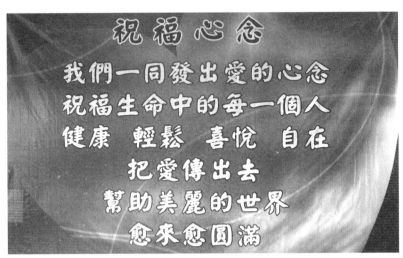

圖八：讓宇宙愈來愈圓滿

國家圖書館出版品預行編目資料

成功有理——15位大師的軟實力硬功夫 / 何毅夫等作 --初版--
臺北市：博客思出版事業網：2013.3

ISBN：978-986-6589-94-2（平裝）
1.成功法 2.生活指導

177.2   102003795

心靈勵志 21

成功有理——
15位大師的軟實力硬功夫

作　　者：何毅夫、尚明、吳長新、樊友文、錢瑀萱、賴明玉、彭智
　　　　　明、陳鈴、黃家驊、趙祺翔、羅懿芬、徐培剛、江文德、周國
　　　　　隆、張祐康／合著
美　　編：鄭荷婷
封面設計：鄭荷婷
執行編輯：張加君
出 版 者：博客思出版事業網
發　　行：博客思出版事業網
地　　址：市中正區重慶南路1段121號8樓14
電　　話：(02)2331-1675或(02)2331-1691
傳　　真：(02)2382-6225
E—MAIL：books5w@gmail.com或books5w@yahoo.com.tw
網路書店：http：//store.pchome.com.tw/yesbooks/
　　　　　http：//www.5w.com.tw/
　　　　　博客來網路書店、博客思網路書店、華文網路書店、三民書局
總 經 銷：成信文化事業股份有限公司
劃撥戶名：蘭臺出版社 帳號：18995335
香港代理：香港聯合零售有限公司
地　　址：香港新界大蒲汀麗路36號中華商務印刷大樓
　　　　　C&C Building, 36,Ting, Lai, Road, Tai,Po, New,Territories
電　　話：(852)2150-2100　傳真：(852)2356-0735
出版日期：2013年3月 初版
定　　價：新臺幣280元整（平裝）
ISBN：978-986-6589-94-2